72歳、好きな服で心が弾む、
ひとり暮らし

ロコリ

KADOKAWA

はじめに

はじめまして。ロコリと申します。

1951年（昭和26年）生まれ、今年72歳。年金は月5万円、福岡県の北九州市でひとり暮らしをしています。

2022年8月、昔から好きだったファッションをテーマにしたYouTubeチャンネルを開設したところ、多くの方に見ていただき、驚くことにわずか2本の動画投稿で収益化することができました。とてもありがたく、これからも動画をがんばろう！　と思っていたら、さらに驚きの展開が。私の動画に興味を持ってくださった出版社さんから「ロコリさんの人生を本にしてみませんか？」とお声がかかり、こうしてみなさまにごあいさつさせていただくことになりました。

2本の動画で収益化と聞くと順風満帆に見えるかもしれませんが、今も昔も、人一倍デコボコ人生を送ってきたなあと思います。

私は若い頃、10年間ブティックを経営していたのですが、服は大好きだけど、商売にはさっぱり向いておらず、2千万円の負債を背負って廃業。その負債を返していく間、ずっとシングルで母とふたりで暮らしてきました。

その母を3年前に見送り、ひとりになった私に残されたのは、築50年になる古い家と、わずかな年金。それから、自分のお葬式代など周りに迷惑をかけないよう「終活費」としてとってある約100万円のみ。しかも年齢は70代に突入！

さあ、これからどうしよう？　――そんなときに始めたのがYouTubeだったのです。

今、「老後に必要なのは1人2千万円」とも言われ、私と同世代の方だけでなく、若い方も不安を抱えながら生活しておられるようです。

私自身、考えれば考えるほど、落ち込むのも無理はないと思う状況です。ですが意外にも、70代を迎え、私は晴れやかな気持ちになっていました。

70代って、もうなんにも気にしなくていい。
誰に気兼ねすることもなく、好きなことだけすればいい。
仕事でも、周りが気を遣ってくれる。
聞きたくないことがあれば、耳が遠くて聞こえないフリをしちゃったり――。
けっこう便利よね、70代って。第二次怖いものなし世代なのかも。
そんなふうに思えたのです。

私のYouTubeチャンネルには、びっくりすることに、「ロコリさんみたいな70代になりたい」とか「70代には見えない」「50代の私もまたおしゃれを楽しみたいと思った」といったコメントをよくいただきます。
若い頃からファッションの好みが変わらず、プチプラで楽しんでいる様子や、年甲斐もなく（?）マクドナルドでアルバイトしたりする様子を、みなさんが面白がってくださっているのかなと思います。

先ほども言いましたが、今70代になってみて、歳を取るって意外と悪くないなと思いますし、むしろ、60代のときよりも心が軽くなった気さえしています。

もちろん、体が動かなくなったらどうしよう、とか、認知症になったら誰がめんどうをみてくれるのかな、なんて不安になることはありますが、それは今考えてもしかたのないこと。ポジティブに生きてもネガティブに生きても同じ人生、どうせなら楽しく生きよう。そんなふうに思っています。


そう思えるのは、35歳で店を閉めてから、長い間負債を返済したり、10年間認知症の母の介護を乗り越えてきた経験があるからかもしれません。暗い時期を過ごすときのコツみたいなものが、自然に身についてきたのかなと思います。

そのひとつは、考えすぎて不安にならないこと。

もうひとつは、楽しむこと。

さらにもうひとつは、好奇心を持つこと。

心のおもむくまま、目の前のことにあれこれ手を出してきたことが、この年齢になってようやく、ぎゅっとまとまってきた気もします。

この本では、私の人生のお話と、お金がないときに鍛えたプチプラコーデ術、古い家でのインテリアや暮らしの楽しみ方、新しいことへのチャレンジのしかたなどについてお話ししたいと思います。

こんな、昔も今もデコボコの私の生き方が、少しでもみなさまの何かの参考になり、「ロコリさんができるんだから、私だってできる」と思っていただけたら、とても嬉しく思います。

みなさんも、歳を取るのを楽しみにしていてください。

きっと、想像よりもけっこう面白いですよ。

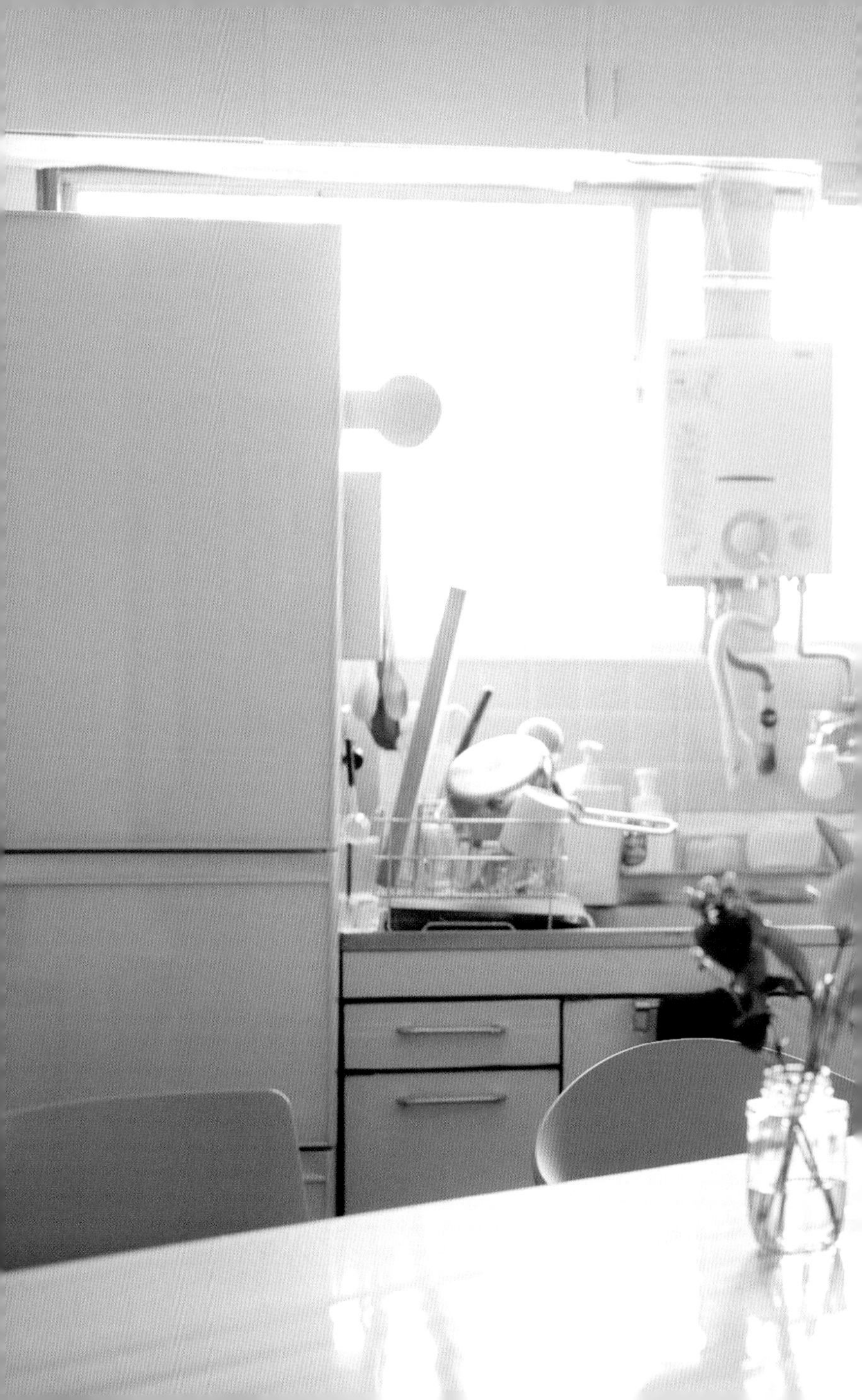

〈 Contents 〉

第2章

プチプラファッションで心を豊かに

第3章

年金月5万円で毎日を楽しむ秘訣

第4章

何歳からでも新しいことに挑戦

第5章 10年間の認知症の母の介護と私の病気を乗り越えて

第6章

未来にクヨクヨするより、今を楽しんでワクワク生きたい

デザイン　マルサンカク
撮影　林ひろし
校正　麦秋新社
編集協力　小嶋優子
編集　金城麻紀

第1章

70代、ひとり暮らし。今が一番好き

Style 01

私のストーリー。経営していたブティックを廃業して35歳で負債2千万円！

現在72歳の私ですが、好きなスタイルが変わらないせいか、昔から「年齢不詳」と言われることがよくありました。それに加えて言われてきたのが、「ひょうひょうとしてて、そんな大変な状況には見えないね」という言葉。

そう、私は、35歳にして大きな負債を背負ってしまい、長い間、その返済に追われていたのです。

私が生まれたのは福岡県北九州市の八幡地区。父は八幡製鉄所の職工で、職工家族専用の鉄筋アパートと、その間隙を埋めるように長屋が建ち並ぶとても大きな社宅団地で育ちました。その長屋のひとつに、私と家族が住む家がありました。日本は高度経済成長期真っ只中で子どもの数が多く、小学校はなんと60〜65人のクラスが1学年に12組！　白黒テレビではアメリカのホームドラマが放送され、日本人みなが画面に釘付けになり、その生活スタイルに憧れた時代でした。

そんな空気の中、子ども時代を過ごした私は、高校生のとき、書店で雑誌『ハイファッション』に出会い、衝撃を受けます。「なんてかっこいいんだろう！」製鉄所の煙突から灰色の煙がたなびく八幡の日常とはかけ離れた世界が、そこにはありました。そこからファッションというものに目覚め、高校卒業後は迷わず、婦人服専門の百貨店「三愛」小倉店に就職しました。

「三愛」で忘れられないのは、社員でフロアショーを企画開催したことです。フロアショーとは、売り場に即席のランウェイを設営して、売り場の服を使って行うファッションショー。スタイリングもモデルも司会もすべて社員が担当し、私もモデルとして出演したり、スタイリングをさせてもらったり。とても楽しかった思い出です。

その頃、雑誌『ａｎａｎ』が創刊されます。フロアショーをきっかけにスタイリストの仕事に興味が出てきたことと、ａｎａｎの「ひとり暮らし特集」に強く憧れた私は、上京を決意しました。

東京では、南青山にあったニットメーカーなどに勤めました。ところが、上京して2年ほど経った頃、実家の母から、父が癌で余命半年だという便りが届き、ちょうど付き合っていた彼と別れたこともあり、帰郷。

帰郷してからは、友達の紹介でデザイン会社に事務や電話番として入ることになりました。これが運命の分かれ道だったのです。

そのデザイン会社で、私は気楽なお手伝いのような立場だったのですが、当時、北九州市にあった古いビルをファッションビルとして再生させる話が持ち上がり、この会社の社長がプロデューサーに就任。すぐに東京からデザインチームがやってきて立ち上げ準備の慌ただしい日々が始まりました。そんな中で、「おまえもやってみるか！」と私にそのファッションビルでのブティック出店の声がかかったのです。

今では考えられないかもしれませんが、当時は、無謀にも経験のない若者にもやらせてみようという空気があったのですね。私は25歳でした。

そのファッションビルは大当たりし、通り一帯が若者の街になっていきました。私の店もそれなりにうまくいき、数年後、下のフロアに空き店舗が出たときには2店舗目も出店。ところが……。

近くに新しいファッションビルがオープンしたことで、人の流れは一気にそちらへ。自転車操業で回していた店は持ちこたえられず、廃業に追い込まれました。

残ったのは、銀行への借り入れをはじめ、仕入れ先や内装業者への未払い金、店の家賃など、総額2千万円の負債。私は35歳になっていました。

Style 02

負債返済時代。助けてくれたのは周りの友人たち

実は、借金が実際いくらあったのか、正確にはわかりません。電卓で計算していたら怖くなって、途中でやめてしまいましたから。ともかく、どれだけかかっても返していかなければ。私はただそのことだけを考えるしかありませんでした。

ビル立ち上げ時の知り合いに相談すると、「書類を全部持って今すぐ来い！」と言ってくれ、返済計画の立て方や、迷惑をかけた取引先への謝罪など、するべきことをいろいろアドバイスしてくれました。

35歳で莫大な負債を負い、ひとり放り出されてしまった私。バブル真っ只中で

したが、私には当時の世間の記憶はありません。周りがぼんやりかすんで見えて、自分が何者かもわからなくなっていました。夏なのに冬物のバッグを持っていて、友人から指摘されて初めて気づいたこともありました。季節感さえ失っていたのです。

毎晩のようにリアルな怖い夢を見るようになり、朝起きた瞬間、暗く重苦しい気持ちに打ちのめされそうになりました。

それでも、何も考えずに、たんたんと毎日仕事に行きました。

仕事は、最初の1年は、ファッションビル立ち上げ時に一緒に慌ただしい日々を過ごした東京のデザイナーさんが、事情を理解しながらも紹介してくれたアパレルメーカーに行き、その後は百貨店の販売員をしました。

たくさんいた債権者に、毎月のお給料の中からそれぞれ数千円ずつ返済していくと、交通費以外はほとんど残りませんでした。実家暮らしだったのでお弁当と飲み物、おやつを毎日持参していたから生き延びられたようなものです。300円の靴下1足さえ買うのをためらいました。

持っていた服はほとんどを売り払いました。「じゃあ何を着て仕事していたの？」と思われるかもしれませんが、販売員は、基本、白いブラウスと黒のパンツがあれば事足ります。プライベートでは、ジーンズに安いお店で見つけた服を合わせていました。安くても素敵なものを発見する目はこの頃に培われたのでしょう。今でも「千円均一！」なんていう文字を見るとすーっと吸い寄せられます。

給料の8～9割は返済で消えてしまいますから、いくら切りつめても給料日前になるとお金が足りなくなります。そこで飲食店を営む友達や、百貨店の別の売り場で働く友達に毎月5千～1万円くらいお金を借りに行っていました。給料が入ると返し、給料日前はまた借り……の繰り返し。それを何年も続けてくれた2人の友達には本当に感謝しかありません。

後になって百貨店で働く友達と同じ売り場で働くことになったのですが、ほかのスタッフから「あんた、本当によくお金を借りに来ていたよね」と言われてしまいました。バレバレだったんですね。

おでかけなんてほとんどできませんでしたが、度々友達が焼き鳥屋でご馳走してくれました。いつも同じ白のブラウスに黒のパンツというスタイルなので、焼き鳥屋のマスターに「あんた、いつも同じ格好やね。女を捨ててるね！」なんて言われたこともあります。気にせず「これ通勤着やもん」と言い返していましたが。

数年間はこんな調子でしたが、そのうち、百貨店での働き方のコツがわかってきました。好景気だったこともあり、「きわもの」と言われる季節商品や、母の日父の日、クリスマスなどのイベントごとの売り場なら格段にお給料もいいし、残業代もしっかり出ることがわかったのです。出勤したいだけ出ていいことになっていたので、出勤数を増やし、ようやく一息つくことができました。いろんな売り場を渡り歩いていたので、当時、売り場の主任さんからつけられた呼び名は「さすらいのハウスマヌカン」。時代を感じますね。

35歳から50代半ばまでの重い気持ちを抱えて過ごしていた時代、それでもなんとかやってこれたのは、周りの人たちにめぐまれたからだと思います。

普通は、人はいいときには寄ってきて、悪くなると去るものではないでしょうか。でも、案外と去っていく人はいませんでした。

クヨクヨしているときに友人たちがガツンと言ってくれた「あんたね、別に警察につかまるわけじゃないやろ！」「あんたなら大丈夫よ！」といった言葉に、とても救われました。

福岡市に住む親友の2人も、いつも気遣って電話をしてきては、はげましてくれ、時にはお菓子や手作りのジャムなどを送ってくれました。特に福岡市での勤務時にはバツイチの友達宅に度々泊まりに行き、当時中学生と高校生の娘さんたちが食事を温めてくれたりして、随分と心が癒されました。

私の事情を知っているかつてのオーナー仲間や知り合いも、私を遠ざけるでも腫れ物に触るようにするでもなく、「元気？　お茶行こうよ」とさりげなく声をかけてくれたりしました。

それに優しい叔母は、我が家に来る度にお小遣いを握らせてくれましたっけ。

身近な人たちが変に深刻になるのではなく、こんなふうに普通に接してくれたのが一番ありがたかったかもしれません。

そのおかげで、お金はないものの、私も普通の顔で生活していくことができました。

Style 03

「もうダメかも……」と思ったときに起きた二つの奇跡

外向きには普通にしていましたが、当時はやはり自分自身と戦っていたのだと思います。ぎりぎりの生活の中で、一度どうしても銀行系のクレジットカードで借りていたお金を返済日に返せないときがありました。担当者さんから電話があったとき、「今度はちょっと無理かもしれません」と伝えるといつなら返せるのかと聞かれ、「月末にお金が入るのでそのときなら」と答えました。すると、「じゃあ僕が立て替えてあげるから、月末に返してもらえる?」と……。

びっくりしました。奇跡が起きたと思いました。それまでずっと、「今度はいつ振り込みます」と伝えてそのとおりに振り込んでいたので、信用してくださっていたのかもしれません。延滞してしまうとブラックリストに載ってその後はお金が借りられなくなるので、涙が出るほどありがたかったです。

もうひとつの奇跡は、もともとは顧客の方で気が合って親しくなり、いつも気にかけてくれていた年下の友達が、飲みに誘ってくれたときに起きました。

冬の寒い夜でした。まだ店を閉めて1年ほどで落ち込んでいた私に、彼女がボーナスが出たからと焼き鳥屋さんでご馳走してくれることになりました。

彼女もストレスがたまっているということで遅い時間まで飲んだ後、お礼を言って別れ、JRで乗り換え駅まで来たとき、はっと気づきました。この日は日曜日。乗り換えの路面電車の最終がいつもよりも早かったのです。ここからはタクシーで帰るしかありません。

あせって財布の中を確かめると、入っていたのはたったの300円。平日なら駅近くの顔馴染みのバーのマスターにお金を借りることもできたでしょうが、そのバーも日曜は休みでした。深夜で、あたりに人影はありません。雨も降り始めました。

私は呆然と歩き始め、ふらふらと駅前の歩道橋をのぼっていきました。左に降りると商店街、右に降りると駐車場に続くその横断歩道を渡っても、どうしようもないというのに。

なぜこんなことになってしまったんだろう――。深い絶望感を味わいながら足の向くまま重い足取りで駐車場側に降りていきました。

そのときです。雨に濡れたアスファルトの上に、信じられないものを見つけました。千円札が1枚、アスファルトに張り付くようにして落ちていたのです。千円札が、両手両足を広げ、道路に大の字に寝そべっていました。

「拾え！」

耳元で怒鳴るような声が聞こえた気がしました。私は震えながらしゃがんでその千円札を拾いました。

そのままタクシーに乗り、「1300円で行けるところまで行ってください」と言うと、親切な運転手さんが「暗いから1300円で家まで行ってあげるよ」と言ってくださり、ぶじに家まで帰り着くことができました。

もちろん今は、してはいけないことだったと思います。でもそのときの私には奇跡に思えました。

神様が「がんばれ！」と言ってくれた気がしたのです。

私は大丈夫だと、守られているのだと思えた瞬間でした。

Style 04

「私は大丈夫、私は大丈夫」と唱えながら歩いた夜。厚かましいほどに自分を信じようと思った

借金返済期間は10年、20年と長く続きました。

その間、私には、疲れたり落ち込んだりした日にする、おまじないのような習慣がありました。

仕事帰り、最寄りの電停（駅）から自宅まで帰る道々、「私は大丈夫！　私は大丈夫！」と口の中で唱えながら歩くのです。

歩き方もあえて大股で、目線を上げて元気よく、シャキシャキと。そうやって、自宅までの15分、夜空の星を見上げながら、「大丈夫、大丈夫」と自分に言い聞かせるようにリズミカルに歩きました。

抱えきれないような不幸や修羅場を経験したとき、宗教を頼りにする方も多いと思います。でも私は、宗教は嫌でした。

ただ、千円札の奇跡のこともあって、スピリチュアルに興味を持ったことはあります。

当時、先のデザイナーさんからの紹介でアパレルメーカーに就職して福岡市内に通勤していたことがあります。そこはお給料こそ大変よかったのですが、商品的に私には合いませんでした。スタッフもヤンキーに近いような人が多くて、私は日々恐々としながら、孤独感と戦いつつ勤務していました。

でもその中におっとりとした優しい人がいて、彼女が「読んで感動したから」と1冊の本を貸してくれました。それがシャーリー・マクレーンの『アウト・オン・ア・リム』という本で、当時ベストセラーになっていました。そこには、「今、あなたに起こっていることはあなたのこれからにとって必要なことであり、あなたはそれを乗り越えて進んでいける。だから大丈夫」といった意味のことが書いてありました。私にもこのことが必要だったのかな、それなら乗り越えていけるんだろうな、と漠然と感じられました。

体調を崩したこともあって、結局その会社は1年ほどで退職したのですが、後になって思えば、その本に出会うために行ったのかなと思えました。

できるかできないかではなく、自分を信じて進めば、きっと大丈夫。弱気になったとき、自分を信じるって一番難しいことだけれど、私には自分を信じることしか残されていない。もう、図々しいほど、厚かましいほど自分を信じよう。そして目の前にある仕事を真面目にがんばろう。そう思いました。

Style 05

ずっと人生の迷子だった

思えば、ブティックをやっていた10年間は、誰かが敷いたレールの上を何も疑問に思わずただ走っていただけだった気がします。ブティックをやめてすべて失った35歳で、私の自分探しが始まりました。

もともと私の周りにはデザイナーの友達やショップオーナーなどで成功している人が多かったので、そういった人たちをうらやましく思い、自分も何者かになろうともがく日々でした。自分なんかダメだと落ち込んだり、ふてくされたりもしました。

販売員の仕事も、どこかで「これは自分の仕事じゃないな」と感じていました。

優秀な販売員は、売上への執念がすごいのです。トイレにも行かずに1日中売り場に立ち、来たお客さんを逃さないという気迫がありました。自分のブティックで好きな服を売るのとは違い、販売員は好みではない服だって売らないといけません。私も必死で情熱を持とうと努力はしたのですが、何かが欠けていました。

色に興味を持って、仕事に活かそうと色彩の勉強をしてみたこともあります。でもそもそも色の名前が多すぎてなかなか覚えられませんでした。それにカラーコーディネーターというのは説明力に長けた、話し上手な人が向いているようなのです。なのでこれもなんだか違うなあと思って、うまく活かすことができませんでした。

私、この程度なのかな。私って、なんにもないなあ……。

ため息をつきつつも、目の前に何か目新しい興味をひかれるものが出てくると飛びつくという持ち前の性格で、パソコンを習いに行ってオペレーターの仕事をしたり、ブログを始めたりと、落ち込んだことも忘れてあれこれ手を出しました。

今思えば、それがよかったんでしょうか。今までやってきたことが、この歳になっていろいろと役に立つようになりました。

人生は、長い。これからも寄り道するかもしれないけれど、「それが私」、と今は思っています。

Style 06

3年前に母が亡くなり、10年間の介護が終わった

私が60代に差し掛かろうとする頃、母が認知症を発症しました。85歳でした。それからは、仕事をしながら自宅で母を介護する生活が始まりました。最終的には週3、4回のデイサービスを使って、自宅での介護を続けました。

介護というのは一筋縄ではいきません。第5章で詳しくお話ししますが、座り込んだら立てなくなる母を、私の力ではどうしても立たせることができず途方に暮れたり、優しくしてあげたいと思ってはいても、想像もできないようなことをする母に翻弄されて、声を荒らげたり、きつくあたってしまうこともありました。そんな生活が10年続き、いよいよ施設に入れるしかないと入居の申し込みをし

て順番待ちをしているとき、なんと母が新型コロナに感染してしまったのです。

その少し前に心不全を起こしたことがあり、注意しなくてはと思っているときでした。ある朝、母が熱で朦朧としている様子だったので救急車を呼び、病院で検査したところ、「新型コロナ（疑似）」の診断が下されたのです。コロナ禍のごく初期の頃で、北九州市で6例目、まだ診断技術も確立していなかった頃でした。転院先の病院も私の職場も、極限までピリピリしていました。

その後、母はコロナ症状からは回復したのですが、体が弱り、感染症の専門医がいる転院先の病院で亡くなりました。

母が亡くなったとき、私は69歳でした。10年間、ほぼ介護に明け暮れていたことになります。60代は、日に日に認知症が重くなる母の介護で、「これからどうなるんだろう？」と不安を抱えながら、重く、中途半端な気持ちで過ごしていたような気がします。

母が亡くなってから数ヶ月は、亡くなった後の手続きや勤めていた百貨店の閉店セールで慌ただしく、気を張っていましたが、初盆も終わりやるべきことをすべて終えた頃、家の中にいるとき急に、心の中がどーんと重たくなりました。

このままじゃいけない。外に出なくちゃ。69歳で、もう一度動き出すときが来ました。

Style 07

60代の最後に始めたマクドナルドでのアルバイト

「70代でマクドナルドのアルバイトをしています」と言うと、驚いて興味を持ってくれる方が多いです。

マックとの出会いは、母が亡くなってしばらくした頃のことです。家に引きこもりがちになって気持ちが沈んでいたし、ちょっと太ってきたので動かなくてはと思い、近所のウォーキングコースに散歩に出かけたときでした。

勤めていた百貨店も閉店してしまい、私は無職になっていました。次の仕事を探す気力を奮い立たせるため、とりあえず外に出て気分を変えたかったのです。

店舗の2階は3方向に窓が開けた明るい空間。配膳やお掃除を担当しています。笑顔を絶やさないことを心がけて。

川縁の道を歩きながらふと前を見ると「あ、新しいマックができてる！」しばらく外出もしていなかったので気づかなかったのですがオープンしたばかりのようで、広くておしゃれな、ピカピカのマックでした。

一休みしようと入っていき、コーヒーとおやつを買って席につくと、トレイに敷かれた紙に書かれた文字が、目に飛び込んできました。

「70代の定年退職者も活躍中！」

シニアのアルバイトを募集していたのです。

勇気を出してちょっと年配の店員さんに「私でも大丈夫ですかね？」と尋ねると、「大丈夫ですよ。よかったらお電話ください」とのこと。

これがきっかけでアルバイトを始めました。

もし、この新しい店舗ができていなかったら、マクドナルドのクルーはしていなかったと思います。仕事を探すといっても、10年間母の介護をしてきたこともあり、介護の仕事を始める気持ちにはなれなかったし、販売職は募集が少ない上にノルマもあり、しんどさを感じていました。そんな私に、マクドナルドはぴったりだったので、この出会いはとてもありがたいものでした。

好きな時間に働けるというのももちろんよいのですが、何よりいいなと思ったのは、若い人たちと一緒に働けることです。「おはようございます！」とテンションが高く、元気いっぱいにあいさつしてくれるので、こちらも元気が出ます。

お掃除やトレイの運搬など、肉体的には少ししんどいこともありますが、若い人たちが「大丈夫ですか？」ととても気を遣ってくれます。たくさん歩くので健康にいいし、1週間に2～3日お店に出ることで生活にリズムも生まれます。ずっと家にいると太るので、ちょうどいい運動になります。

お金をいただけるジムみたいなものね、と思って楽しく働いています。

Style 08

好奇心旺盛でデジタル好き。シニアのデジタル好きは褒められます

「ロコリさんがしてるのを見て憧れて、僕も買っちゃいました！」

マックのクルー仲間の男子学生に見せられたのはＡｐｐｌｅ Ｗａｔｃｈ。「これいいよね〜♪」とひとしきり盛り上がりました。

新しもの好きなので、昔からパソコンはじめデジタル製品には興味津々。特にＡｐｐｌｅ製品には目がありません。

今使っているのは、Ａｐｐｌｅ ＷａｔｃｈとｉＰｈｏｎｅ 14 Ｐｒｏ、ｉＰａｄ Ａｉｒ、ｉＰａｄ ｍｉｎｉの4台。Ａｐｐｌｅ Ｗａｔｃｈは電話をしたり支払いをするのにとても便利ですし、ｉＰｈｏｎｅやｉＰａｄは、動画の編集をしたり、ＹｏｕＴｕｂｅを見たりするのに毎日使っています。

デジタルとの最初の出会いは、2001年くらいでした。勤め先の黒崎そごうが閉店して失業した私は、失業保険受給期間に無料でパソコン講座が受講できると知り、喜びいさんですぐに申し込みました。当時普及し始めたパソコンにすごく興味があったのです。「パソコンはビジネスの道具」というイメージを変えたAppleのiMacにとても憧れていましたが、当時は買えず、安いパソコンを買っていろいろ楽しんでいました。

2004年にブログというものがあるのに気づき、「これなら私にもできるかも?」と思ってスタート。そこから20年近くブログを続けました。文章を書くことは合っていたようで、私小説風の投稿をすると読者の方が早く続きが読みたいとコメントをくれたり、ブログ仲間とあれこれやりとりするのが楽しかったです。初めて自分に向いているものが見つかったという手応えを感じました。

そんなわけで、「この年齢にしてはデジタルが得意です」と言えることが私の強みになっている気がします。実際、それが今につながっています。

というのも、マクドナルドの面接では、シフトをスマホで入力することに対応できるかを聞かれたのです。百貨店で働いていたときには、いろいろなポイントの導入で年々レジ操作が難しくなったのですが、そこでも頼りにされていたので、自信を持って「対応できます」と答えられました。

YouTubeも、若い方に比べてシニアのチャンネルが少ないので、みなさんに面白がってもらえているのではないかと思うのです。

若い方なら当たり前のようなことも、70代というだけで珍しがられるこの時代、私にとってはけっこう呼吸しやすい時代に思えます。

愛用のApple製品たち。左上から時計回りに、iPad Air、iPad mini、Apple Watch、iPhone 14 Pro。iPad miniにワイヤレスキーボードをつなぎ、仕事終わりのマックで、認知症会報誌の連載の文章を作っていました。

Style 09

何歳からでも、人生の扉は開く

60代は、せまりくる老後に漠然とした不安を抱え、周りの友人ともども、ため息をついては若い人をうらやんでいました。でも今、仲のよい友人たちは趣味に打ち込んだり、ときには集まって食事したりと、お互いつかず離れずでそれぞれに生活を楽しんでいます。シニアにはシニアの嬉しさや楽しさがあるんだなあ、と、今、実感しています。

もちろん不安になることもありますが、持ち前の「まあ、なんとかなるやろ」精神で、今は自分らしくたんたんと、そしてお金がないなりに工夫して楽しく暮らしています。

あっけらかんとしていられるのは、世間ではバブル華やかなりし頃、30代で大きな負債を抱え、乗り越えてきた経験があることと、もう一つ、71歳で猛勉強の末にカラオケの講師になって、80代半ばまで教室をしていた母の影響もあります。

私は昔から「○歳だから○○しなくては」という考えがまったくなく、いつの間にか72歳になっちゃった、という感覚。その上、目の前に70歳を過ぎてもどんどん新しいことを始めていった母というお手本があったため、今も当たり前のようにあれこれチャレンジすることが身についたのかもしれません。

人生、本当に何があるかわかりません。10年間の介護生活を終えて飛び込んだマクドナルド、そしてデジタル好きが高じて始めた動画投稿で、また新たな人生の扉が開きました。アルバイトで若い人と交流したり、動画を見ていただいたたくさんの方とコミュニケーションをとれることが本当に楽しく、「72年生きてきて、今の時代が一番生きやすい」と感じています。

第2章

プチプラファッションで心を豊かに

Style 01

『anan』に影響を受けた世代。今も、「いいやん！」と思う服に出会うと心がときめく

YouTubeチャンネルを開設しようと思ったとき、浮かんだのがプチプラコーデでした。

もともとファッションが好きでアパレルの販売員になりましたし、ブティックも経営していました。そして何より負債返済期間が長かったので、お金がない中でのおしゃれの工夫は人一倍してきたという自負があります。

私と同年代のユーチューバーさんで暮らしや節約をテーマにしている方は多く、おしゃれも紹介してくださっているのですが、そこにロコリ流の一工夫を加えたら、見てくださる方に喜んでもらえるんじゃないか、と思いました。

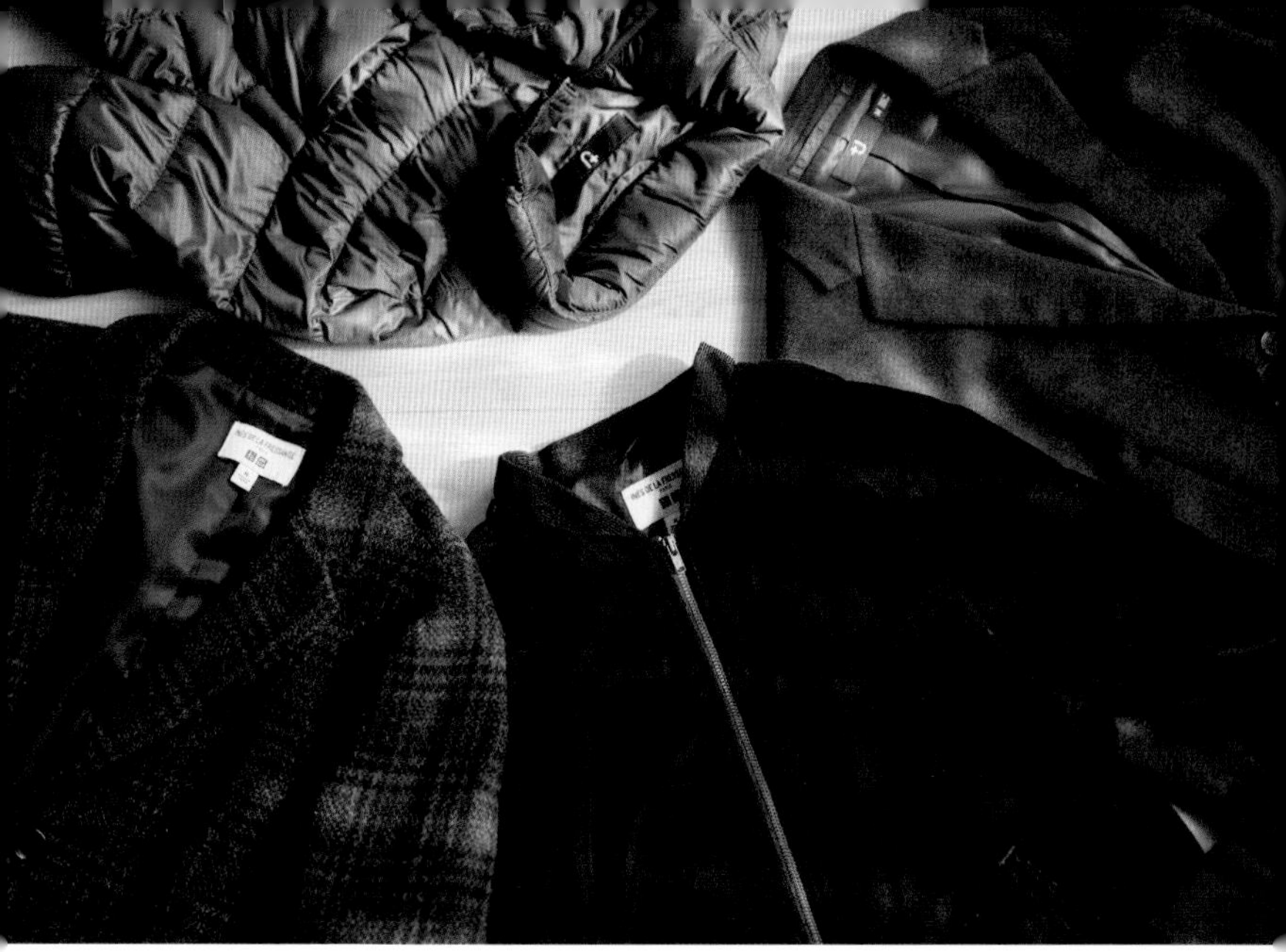

私のワードローブの多くを占めるユニクロの服。上のダウンとジャケットは＋J。下の2点はユニクロとイネス・ド・ラ・フレサンジュのコラボ。

動画ではお伝えしきれなかった、私の服の買い方やコーデのしかたについてご紹介します。

Style 02

「若見え」も「年相応」も関係ない。シンプルスタイルは永遠です

「年齢を感じさせない」とよく言われますが、それは好きなスタイルが若い頃からまったく変わっていないからだと思います。

基本的に、シャツにパンツだけとか、タートルニットにパンツだけ、といったシンプルすぎるくらいシンプルなスタイルが一番好き。フリフリの服が似合う人と似合わない人がいるように、私はシンプルなのが似合うタイプだと思っていて、たぶんそれは一生変わらないと思います。

私がおしゃれで一番気をつけているのはバランスです。

それは、全体に対する各アイテムの分量や、色柄の分量、トップスとボトムス

の配分など。大きすぎたり、柄がうるさすぎるなと感じたら、ウエストインしたり、インナーにしたり、袖や裾をまくりあげたり折り返したりして、「自分らしいバランス」になるように調整します。

サイズ感も注意します。体の線を拾うのを避けるためか、シニア向けの婦人服は、上も下もだぼっとしてぶかぶかのものが多いですよね。若い人にはビッグシルエットが流行っていておしゃれに見えますが、シニアのぶかぶかは一気におばあちゃんに。反対に、レギンスのようなピタピタのパンツも、シニアがはいていると「がんばってる感」が出てしまい、かえって年齢を感じさせると思います。なので、トップスもボトムスも、ほどよく余裕のあるジャストサイズをいつも選んでいます。

コムデギャルソンやワイズのようなデザイン性の強い服も、自分のスタイルではないので着ません。私が好きなのは、トレンドでもモードでもない、ごくごく普通の形の服。

洋服の基本形みたいな服を、自分のバランスと色合わせで着るのがロコリ流です。歳を重ねれば重ねるほど、シンプルなものが似合ってくるような気がしています。

Style 03

大好きなアイテムの1位は、ショートパンツ

実は私が洋服のアイテムで一番好きなのはショートパンツ。確か小学校5年生くらいの頃、家族旅行のために母が姉とおそろいのワンピースを手作りしてくれたのですが、私は商店街の洋品店で見たショートパンツのセットが着たくて、泣き喚いて買ってもらった記憶があります（笑）。

大人になってもショートパンツが大好きで、若い頃は真夏にショートパンツばっかりはいていました。今は、素足だと血管が浮き出ているのが気になるので、夏ではなく、分厚いタイツと合わせて冬にはくのがお気に入りです。

ジャケットも大好きです。特に、第一ボタンの位置が高い、三つボタンのジャ

ケット。一つボタンや二つボタンは第一ボタンの位置が低く、えりのVの空きが長くなって女性らしい雰囲気になるのですが、三つボタンはちょっとクラシックでカチッとした雰囲気になるのが好きで、10着近くあるジャケットはほとんどが三つボタンです。

昔から、中性的な少年ぽいスタイルを意識していたので、それには三つボタンのジャケットがぴったりなのです。冬、三つボタンジャケットにハーフパンツのコーディネートは、おでかけのときに今でもよくします。

トレンドとまったく関係ないスタイルですが、自分らしくて落ち着きます。口の悪い友人には、「昔の少年が、今はおじさんになったね！」なんて言われますが。

Style 04

チェック、ボーダー、ストライプ。とにかくラインが好き

変わらないスタイルといえば、昔から好きなのがライン（線）。とにかくラインが大好きで、ラインを見るとすぐに寄っていくラインフェチです。線なら、チェックも、ボーダーも、ストライプも好き。脇にラインの入ったパンツなんか見かけたら、すり寄って行ってしまいます。写真（P.67）に出ているライン入りのポロシャツも、デザインに一目惚れしました。太いストライプのパンツも、意外と何にでも合わせやすくてとても気に入っています。

「ライン、命！」の私でしたが、最近は花柄もいいなあとちょっと気になり始めました。YouTubeで見たパリコレのクリスチャンディオールのショーで、舞

台がお花畑のように作ってあってとても素敵だったのです。今、ウクライナで戦争が起こっていますから、平和を祈る意味もあったのかなと思います。

ずっとはっきりしたラインに惹かれていましたが、世の中の空気と自分自身の環境の変化で、今、花の持つ優しさを求める気持ちになっているのかな、なんて思います。

このストライプのシャツと下の写真のパンツ、表紙のさくらんぼのシャツは、3点で2500円。シャツは丈が長いので、裾を結んで羽織りもの風に。パンツはGU。丈は自分丈に詰めています。

Tシャツは、大好きなYouTubeチャンネル「ゆっくり不動産」さんの「空が青いなあ。」Tシャツ。私が買うにしてはお高かったのですが、とても可愛かったので思い切って購入。ジャケットは＋J。

ポロシャツはメルカリで「ヴィンテージ　ポロシャツ」で検索して出会った、ヨーロッパの古着のメンズ。大きなえりがお気に入り。半年間売れていなかったのでお値引きをお願いして1200円で購入しました。シンプルにジーンズを合わせて。

+Jの白シャツに、ユニクロとHANA TAJIMAのコラボのパンツを合わせて。パンツのすそに3本の横ラインが入っていましたが、自分丈にカットしたら2本に。

Style 05

ちょっといいジーンズはプチプラファッションの頼れる味方

新しい服を買えなかった頃、休みの日の服装といえばジーンズでした。ジーンズは、1本よいものを持っておくと全部それでいける！ というくらい、合わせるアイテムを格上げしてくれる効果があって、プチプラコーデの最強の相棒です。

写真（P.67右）のジーンズは、お友達が経営するセレクトショップで買った、ビーティングハートのもの。私にしては思い切って買ったアイテムで、半額で1万5千円くらいでした。昔はユニクロ＋Jのほそ〜いジーンズをはいていましたが、これくらいのぶかぶかすぎないほどよいフィット感が、今の気分です。

休みの日のおでかけはこのジーンズか、スウェットパンツを街着にするのが好き。シンプルで気楽なのが一番です。

Style 06

パンツ丈はくるぶしまで。それが「私の丈」です

スカートはほぼはかず、1年中パンツスタイル。パンツは、どんなパンツでも「自分の丈」にきっちりお直しします。

一般的に、パンツの丈ははく靴に合わせてかかとの下あたりで合わせることが多いと思うのですが、私はその長さが苦手で、パンツは必ずくるぶしよりもちょっと上、足首が見えるくらいの短め丈にします。

この丈にこだわり始めたのは、昔、『anan』か何かに載っていたフランスの女優さんの特集がきっかけでした。彼女がはいていた中途半端な丈のパンツがかわいくて、「わあ素敵！　私も切ってみよう」と真似したのが始まりです（その女優さんが誰だったかはまったく覚えていません）。足首が見えると私の好きな

少年っぽいカジュアルな雰囲気になるのがお気に入りで、もう何十年もこのスタイルです。

だから、マクドナルドのユニフォームも、パンツは自分でこの丈にしてはいています。マックのユニフォームは、誰でも自分に合わせて着られるように裾にマジックテープがついているので、調整が簡単なのです。この丈だと足さばきもいいんですよね。

ちなみにワイドパンツの場合は、さらに短い、くるぶしの8㎝ほど上が自分のバランス的にちょうどいい長さです。メンズのパンツをはくこともあるのですが、その場合も、ウエストで合わせて丈は好きな長さに切ります。

こんなふうにパンツ丈の調整はよくしますが、自分丈にするときだけでなく、古くなってちょっとヨレてきたパンツの裾を切る、ということもします。丈を思い切って短くするとヨレが気にならなくなってまだまだはけるんです。スーパーに行くときなどのご近所着に便利ですから、ぜひやってみてください。

Style 07

憧れ続けたブランド、ジルサンダー。ユニクロ＋Jの衝撃

周囲の人たちから見た私はコムデギャルソンやワイズを着る人、というイメージがあったようですが、実際はほとんど着たことはなく、昔好きだったのはイッセイミヤケ（お高いのでほとんど買えませんでしたが）。その後は好きなブランドになかなか出会えないまま時は過ぎ、あるとき、「あ、これめちゃくちゃ好き！」と思ったのがジルサンダーでした。

ジルサンダーは、装飾をそぎおとした服の原型のような究極のシンプルな服ですが、独特の雰囲気があって、最高に好きなデザインです。

それほど好きなブランドなので、２００９年にユニクロとジルサンダーのコラボである「＋《プラス》J」が発表されたときはあまりの衝撃で眠れませんでした。もはや

夢見心地で「世界は私のために回ってる！」と思ったくらいです。

ジルサンダーやユニクロ＋Jは、フリマアプリをまめにチェックして、コツコツと集めています。写真（P.74右）で着ているブルーのジャケットもジルサンダー。カシミヤなのでたぶん定価は30万円くらいすると思いますが、小さな虫食いがあったので1万円でヤフオクに出品されていました。着ていてもほとんどわかりません。

ジルサンダーも＋Jも、シンプルなのでずっと着られます。特に＋Jは百貨店での仕事着にも大活躍していました。私のスタイルの軸になっている服です。

右：ヤフオクで1万円以上のものを買うことはめったにありませんが、このジルサンダーのジャケットだけは落札しました。ボトムスもヤフオクで落札した韓国のブランド。インナーはGUのメンズのSサイズのシャツ。バッグはZARAです。
左：パンツ以外全部ユニクロ。ジャケットは＋Jの初代コラボで、新品をメルカリで1300円で購入。ブラウスはユニクロとJWアンダーソンのコラボ。パンツはGUです。

Style 08

メガネには妥協しません

洋服はプチプラで楽しむ。でも、メガネはよいものを、と思っています。

メガネ選びは、服選びよりもずっと難しいです。ヨーロッパのブランドが好きで、以前、メルカリかヤフオクで好きなブランドのものをお安く買ったことがあるのですが、かけてみたら全然似合わず、ずーっと机の引き出しにしまいっぱなしになってしまいました。

このとき、メガネは実際にかけてみないとわからないなと思い知らされて、それ以来ネットで買うのはやめ、メガネ屋さんで必ず試着してから買うことにしています。デザインの問題だけでなく、重さなどの使い心地の問題もあるからです。

今かけているメガネは、白内障の手術をすることになって新しいメガネが必要になったとき、博多随一のおしゃれなメガネ屋さんで購入した、ベルギーのブランド「テオ」のものです。フレームの上が透明で、下は黒のラインがはっきりとしているちょっと珍しいデザインで、フレームから耳にかけるツルにかけてラインが上がり、フェイスラインがきゅっと上がって見える効果があるようです。

このメガネをかけて美容室に行ったら、メガネをかけた顔に合うヘアスタイルにしてくれて、今では私のトレードマークになりました。

このフレームは約5万円で、それにレンズがプラスされるので、私にとっては本当に高価でした。でも、目は大事ですし、何もかも安いものにしていたら、自分が自分でなくなっていくような気がします。

このメガネは新型コロナの一律給付金で購入しました。タイミングよくよい使い方ができて、よかったなと思います。

長年愛用した一番下のメガネが古くなり、下から二番目の「テオ」のメガネを購入。上の2つはメルカリで3千円くらいでしたが、似合わず。

アクセサリーは一切つけないので、バッジをポイントにすることも。富士山に見えるのは実は桜島で、鹿児島の作家さんの作品です。

Style 09

バッグは、気に入ったら同じものを使い続ける。同じものを買う

人からは珍しがられますが、バッグは、ひとつ気に入ったらそればかり使いますし、古くなったら同じバッグを買い直すこともあります。昔、結婚祝いのお返しで友人からもらったザ・コンランショップのバッグがすごく気に入り、使い続けていたら汚くなってしまったので、その後同じものを2回、自分で買い直したこともありました。中身をいちいち入れ替えるのもめんどうですし、なかなか気に入ったバッグに出会えないので、一つを使い込んでしまうのです。

そんなわけで、このジェリー（GERRY）のバッグも、色違いで3つ買いました。

バッグはこれで全部。右側のジェリーの防水バッグは軽くて使いやすいので、3色ともによく使っています。左下はダークグリーンの色合いが気に入ってメルカリで購入したクリードのショルダー。その下にあるのはずいぶん昔に買ったコムデギャルソン。トートバッグはZARAで、肩がけもできます。

最初はムラサキスポーツで黒を見つけて、軽くて使いやすそうだし、お値段も4千円と安かったので購入。使ってみたらとても使い心地がよく、ネットで調べたらカラーがいろいろあったので、白とブルーを買い足しました。最初は黒をよく使っていましたが、今は白の出番が多くなりました。ブルーは、服に合わせておしゃれ用として使っています。

今一番使っているのがこのジェリーの3つで、ほかには、デザインが気に入って昔から持っているコムデギャルソンのバッグと、ZARAの黒のトートバッグ、そして、やはりメルカリで買った、クリードのとても軽い馬革のショルダー。バッグはこれで全部です。

メガネのブランドにはこだわりますが、バッグのブランドにはこだわりません。ブランド名が目立つバッグは、ブランドの宣伝をしているみたいでなんだか気恥ずかしく感じます。

Style 10

足元は膝の痛みから解放してくれたドイツの健康靴、ストロバー一択

若い頃から膝が弱く、腫れることが度々ありました。あるときからは膝から不気味な音がするようになり、その度にまともに歩けなくなりました。

水が溜まった状態で、抜くと癖になるということで、散らす治療をずいぶん長いこと続けました。立ち仕事なのでとてもつらかったです。

私が悩んでいるのを見て、「母がここの靴をはいているんだけど、これをはいてから膝の具合がよくなったのよ」と友人が紹介してくれたのが、ドイツのストロバーの靴です。

ところが、この靴がとても高い。当時でも定価で3万～4万円ほどしました。

それでも藁にもすがる気持ちで、百貨店の無金利セール（12回払いまで金利がつ

長年の膝の痛みを解消してくれた、ドイツのストロバーの靴たち。少しずつ買い足して今では10足ほど持っています。

かない）で、分割払いで買いました。

はいてみたら最初の1週間はもう痛くて痛くて、泣きながらお店に相談したら、「騙されたと思って1週間はいてみて」というので我慢してはいたところ、1週間経ったら本当に嘘のように楽になりました。膝からしていた不気味な音もしなくなりました。

それ以来、靴はストロバー一択。これをはき出してから膝が痛くなることがまったくなくなった、私にとっては救世主の靴です。後から知ったのですが、百貨店の店員は立ち仕事なので、ストロバーをはいている人が多いようです。疲れ方が全然違うのです。

ストロバーは高価ですが、無金利セールを利用したり、メルカリできれいなものが出ていたら購入したりして、今では10足ほどある靴すべてがストロバーです。

ストロバーは、かかとが減ったら修理できるのはもちろん、ソール全体を取り替えることもできます。1万4千円くらいかかりますが、新しい靴を買うよりも安心だし、この靴のおかげで病院に行かなくてもよくなったので、もうストロバー以外の靴は考えられません。

昔は、せっかく靴を買っても足に合わなくて全然はけなかった、ということがけっこうありました。ストロバーにしてからは、靴であれこれ悩まなくていいのでとても楽です。お高い靴のオーラもあるので、コーディネートがぐっと締まる気もします。これからも浮気せず、ずっとはき続けていくと思います。

Style 11

ヘアスタイルは、感性の合う美容師さんにすべておまかせ

真っ白になった髪。この髪とメガネで私を覚えていただくことも多いのですが、このヘアスタイルにしたのはわりと最近、去年の夏のことです。

それまではずっと髪を染めていて、染めるのをやめる前は微妙な色合いのグレイッシュなミルクティーカラーにしていました。とても気に入っていたのですが……。

カラーをやめたのは、ずばり、お金の事情です。カラーをやめようと決めたとき、たまたま行きつけの美容室の予約が取れず、以前から知っていた別の美容室に予約を入れて、そこでカットしてもらいました。

私の美容室でのオーダー方法は、「かっこよくして」「かわいく見えるようにし

て」のみ。感性を信頼している美容師さんなら、もうおまかせです。

そうしたら、「メガネに似合いますよ」と言って前髪ぱっつんに短くしてくれて、新しい自分に出会えた気がしたのです。なので今までお世話なった美容室に申し訳ないなと思いながら、今の美容室に通うようになりました。


やっぱりカラーをやめて白髪にすると決めた時点で、一歩間違えたら単なるおばあちゃんになってしまいます。個性的にすることで髪色が活かされたので、とてもよかったと思います。

セットするのも簡単です。長年使っているヘアクリームを毛先につけて軽くブラッシングすれば、ロコリヘアの完成です。

Style 12

お金をかけなくてもおしゃれは楽しめる。15年前からヤフオクやフリマアプリをフル活用

お金がなくてもファッションを楽しめたのは、ネットオークションやフリマアプリのおかげも大きかったです。

初めてヤフオクを使ったのは、15年前にジルサンダーのパンツを落札したときでした。それ以来、150件くらいの取引をして、出品もしています。

今はメルカリがメインです。メルカリもこれまでに130件ほどの取引履歴があります。服に限らず、何か買おうと思ったらまずメルカリを見るのが今は習慣になっています。業者さんの出品も多く、新品でお安いので助かります。

検索のしかたは、服なら、まずアイテム名、それからサイズとカラー、価格で

しぼりこみます。価格はとても重要で、ものにもよりますが、だいたい3千円以下に設定することが多いです。

価格交渉は、なんだか出品者の方に悪いような気がして、あまりしません。妥当な価格だなと思ったらそのままの価格で購入します。ただ、半年前にいいねしたものがまだ売れ残っていたときは、思い切って交渉して少し安くしていただいたことがありました。

フリマアプリで買うのは、失敗が怖いという方もいると思います。私も時には「あ~失敗した!」と思う買い物もありました。でも今はネットで買うときのコツがわかってきたので、ほとんど失敗することはありません。

肝心なのは、サイズと重さです。私の場合、肩幅とバストラインの身幅(脇下身幅)を必ずチェック。肩幅は37~39cm、脇下身幅は43cmか44cmで、それ以上でも以下でも買いません。

パンツは、ウエストが68㎝か69㎝でヒップが90㎝か91㎝のもの。ただ、最近たっぷりしたシルエットのものが多いので、太さは臨機応変に考えています。丈は、購入してから「自分の丈」に調整するのを前提に購入します。

重さも重要です。年齢を重ねると、少しでも重く感じると肩が凝ってつらい。そこで、コートやバッグの購入を検討したとき、出品者の方にメッセージを入れて重さを測ってもらったことがありました。コートは、800グラム以上あるともう重くて着られないなと、目安にしています。

反対に、あまり気にしないのは着丈や袖丈。袖はまくったり折ったりすればいいですし、着丈も着こなししだいでアレンジできるからです。

ネットで買うときに限らず、若い頃はたくさん失敗してきました。首回りが広すぎたり、体に合わず、だらっとして見えてしまったり。でも今は、自分の似合うもの、自分のパターンが決まってきたので失敗はしなくなりました。仮に「ちょっと大きかったな」と思うものがあったとしても、ジャケットやセーターを合わせて自分らしいスタイルにすることができるようになっています。

経験を重ねてきたからこそ、自分らしいおしゃれを無理なく楽しめるようになったな、と感じています。

Style 13

月に1回ユニクロ、ZARAをチェック。メンズもキッズもくまなく見る

私が着ているもので多いのは、なんといってもユニクロ。そしてユニクロがジルサンダーとコラボした＋Jです。

友達から「それかわいいね。どこの？」と聞かれたとき、いつも「ユニクロよ〜」と答えるので「ユニちゃん」とあだ名をつけられたことがあるくらい、ユニクロ率が高いです。

ユニクロは、特にほしいものがなくても、ひと月に1回、美容室に行くついでに必ずチェックします。小倉の同じビルの中にユニクロとZARAが入っているので一通り全部見るのです。

この2つのブランドは、行ったら、レディースだけでなくメンズもキッズもくまなくチェックします。特にキッズは穴場。160サイズまであるので大人も着られますし、ビッグシルエットのものなら140とか150サイズがちょうどいい場合もあります。ちょっと面白いTシャツやカラフルなものなど、個性的なものはキッズの方が見つかることも。価格も大人のものより抑えてあるので、見て損はないと思います。

大人は大人のブランド、サイズはレディースサイズといった固定観念をなくすと、けっこう面白いものに出会えます。どこに何が埋もれているかわかりません。プチプラコーデには、偏見は禁物なのです。

Style 14

「あれ？　ちょっとイメージが違う……」と思ったときの着こなしワザいろいろ

私、失敗しないんです！　って書きましたが、以前、どうしてもほしくて買ったジルサンダーの革のブラウスが着られないことがありました。写真（P.94）の真っ黒のスタイルで、ジャケットのインナーに着ているのがそのブラウスです。ヤフオクで見て一目惚れしたもので、お値段も本革なのにとても安く、５千円だったので迷わず入札しました。

ところが、着てみたらどう着ても突っ張るのです。柔らかくすごくいい革なのに、胸も腕も突っ張って着られません。出品した方も、体に合わないので安く売ることにしたのでしょう。

ダーツを入れれば着られるかもしれませんが、革のお直しをするのもかなりお金がかかりそうです。あきらめきれない私は、一計を案じました。

袖をはずしてノースリーブにし、外した袖は、レッグウォーマーのように足からはいてみたのです。写真（P.94）でブーツのように写っているのが袖です。やってみたら、＋Jのジャケットにぴったりで、この着方がけっこう気に入っています。

YouTubeの動画でもお伝えしていますが、ちょっと飽きてきたなと思う服も、ストールがわりに巻いてみたり、裾を折り返してブラウジングしたり、片方の腕だけ通して肩がけしたりと、着方を変えるだけで新鮮に着られることがあります。服の着方は、自由。これからも自分なりに工夫して、動画でお伝えしていきたいと思います。

ヤフオクで購入したジルサンダーの革のブラウスの袖を外し、脚にはいてみました。パンツもジルサンダーで、もともとはロング丈だったものを、着古したのでショートパンツに。ジャケットは＋Ｊです。

左から2番目は、フランスの古着のスカートをリメイクしたもの。ピンクのJはジルサンダー。右端のベルベットは、フリンジを切って使いやすく。

ベレー帽が大好き。最近はあまりかぶりませんが、好きなので捨てられません。右下の黒いベレーは母の手編みです。

Style 15

シニアはもっと色を！パーソナルカラーで自分に合った色の服なら〝がんばった感〟が出ずに楽しめる

もともと、一番好きなのは普通の白いシャツにブルージーンズというすごくシンプルな格好だったのですが、髪を染めるのをやめて今のヘアスタイルにしてから、もっと色ものを着た方がいいなと思うようになりました。髪が白で服も白いと、全体が真っ白でぼやっとしてしまうからです。

色ものは難しいというイメージがあるかもしれませんが、自分に合ったパーソナルカラーなら、色ものでも〝がんばった感〟が出ずにしっくりなじみます。

実はパーソナルカラーには少し残念な思い出があります。

若い頃はパーソナルカラーなんてものがあるのを知らず、いろいろな色を着ていましたが、50歳くらいの頃、色の勉強をしてカラー診断を知り、受けてみました。

ところがその診断が間違っていたのです。診断では、私のパーソナルカラーはイエローベースの「春」だからコーラルピンクやアイボリーが似合うと言われました。「そうか!」と思って張り切ってライトオレンジのジャケットを購入したのですが、コーディネートをいろいろ試すも、なんだかもったりして全然似合わなかったのです。

「これが歳を取るってことかな」「老化かな」と悲しい気持ちで、鏡を見ながらため息をついていました。

ですが1年くらい経ち、たまたま機会があって再度カラー診断をしてもらったら、今度はブルーベースの「夏」と言われたのです。「え? そうなの?」と思ってサマータイプの服を着てみたら、あの嫌で嫌でたまらなかったもったり感がなく、似合う！　すっきりして顔色もよく見えますし、黒も似合いました。「なんだ、冴えないと思ったのは歳を取ったせいじゃなかったのね！」とすごく嬉しかったです（最初の診断はなんだったんでしょう？）。

今は、「夏」というよりもブルーベースということを基準に服を選ぶようにしています。

歳を取ったら、もっと気軽に色を楽しんだらいいと思います。母が色ものを着るのにまったく気負いがない人だったので、私も色ものを着るときに、「着るぞー！」というような感覚はありません。ブティックを経営していたときは、カラス族が大流行していたのに色ものばかり仕入れていましたし。

パーソナルカラーが合っていれば、カラフルな色でも派手には見えません。いかに自分にしっくりきているかどうかが、がんばった感が出るか出ないかの大きな分かれ道になると思います。

第3章

年金月5万円で毎日を楽しむ秘訣

Style 01

築50年の家を私らしく。簡単DIYで改造にチャレンジ

家の中が急に変わると認知症の母がパニックを起こしてしまうので、母の存命中はできる限り変えずに暮らしてきました。でも一昨年、YouTubeでDIY系の動画を見ていたら、「私も古い家をなんとかしたい！」という気持ちがむくむくと湧いてきて、初めてのDIYに挑戦することにしました。

手をつけたのは6畳の仏間です。キッチンもやりたかったのですが、今の私はユーチューバー。動画配信のために、「映る場所を一番にきれいにしよう！」と思ったのです。

DIYの目的は、仏間にあった古いタンスを処分して愛用のデスクを置き、動画撮影をするためのスペースを作ることと、服の収納スペースを整えることです。

仏間は、長年のお線香の香りが染み込んでいたので、はじめに床から壁、天井まで拭き上げてニオイをとることから始めました。

部屋全体を拭き上げたらいよいよ、壁紙貼りのスタートです。

壁紙を貼るのは人生で初めて。いろいろな動画を見て貼り方を研究し、オンラインショップで、初心者でも簡単に貼れるというのりつきの壁紙と、壁紙を貼るためのスターターキットを注文しました。作業中のスタイルは白シャツ。これは、私の好きなYouTubeチャンネル「DIY MAGAZINE」さんがいつも真っ白いシャツを着て作業しているので、白シャツならうまくできるかな？　と思ってマネっこしました。

壁紙の色は、動画で服がきれいに見えるよう、薄いグレーを選択。壁紙が届き、いざ作業開始……とはいかず、忙しくて3週間近く放置していたら、のりつきの壁紙は2～3週間以内に貼らなくてはいけないということを後から知って大慌てしました。あせって作業することになってしまったのは反省点のひとつです。

貼り方の手順は、YouTubeの動画を入念にチェックしました。のりのシートを一度剥がして貼り始めたら、一気に貼らないといけません。「さあ貼るぞ！」と意気込んだら、先に貼った部分が破れたりしてさらに超緊張してしまい、貼り終わった後は吐きそうになるほど疲れてしまいました。

壁の次は、押し入れです。オープンクローゼットに改造するため、ふすまをはずし、内側に百均で見つけたクッションレンガシートを貼りました。断熱効果もあるので、築50年の家の部屋が暖かくなり、一石二鳥でした。

シートを貼ったら突っ張り棒を渡してハンガーをかけられるようにし、下の段は、無印良品の収納ケースを並べました。畳みものはすべてここに収納しています。このケースは奥行きがバラバラなので、後ろにいらない箱などを置いてずれ

押し入れのふすまをはずして、クローゼット風にプチDIY。壁紙貼り用のスターターキットを使って、ふちに下貼り用のマスキングテープを貼りました。

押し入れの内側には、断熱をかねて、百均で見つけたクッションレンガシートを。

ないようにし、前面がそろうように置いています。

作業スペースにはホームセンターで買ったグレーのフロアシートを敷き、IKEAのデスクと、お気に入りのデザイナーズチェア、ヴィトラ社の「ティプトン」を置いて完成です。

ただ失敗したなと思うのは、私の髪が白くなったので壁と同化して見えることです。どうにかしたくていろいろ思案中です。大好きなイラストレーター矢吹恭子さんのファッショニスタキャッツのイラストボードを、いつの日か飾れたらいいなと夢見ています。

Style 02

今あるものを一工夫してインテリアを楽しむ

21歳の頃、初めてパリに行きました。廊下の手すりにかかっているバッグは、そのときにシャンゼリゼ通りのルイ・ヴィトン本店に朝早くから並んで買ったバッグです。今から50年前ですから、まだ日本で人気が出始めたばかりで、私の周りではクリエイティブな職業に関わるごく一部の人が持っているくらいでした。今でこそ「ブランド名がわかるバッグはイヤ」なんて言っている私も、当時はもう、〝気取り上がって〟持っていたのを思い出します（笑）。

いつしか使わなくなり、押し入れに仕舞い込んでいたこのバッグを久しぶりに取り出してみたら、中がカビだらけ。そこで、まるっと水洗いしたらカビは抜けてきれいになりました。

思い出のヴィトンのバッグに百均のグリーンを入れてディスプレイに。姪が描いた絵をフレームに入れ、アートとして飾っています。

このバッグ、軽いのですが今の私には大きくて使い勝手が悪いので、もうバッグとして使うことはなさそうです。キャリーバッグを使えばもうボストンバッグには戻れませんよね。でも思い出のバッグだからとっておきたいし、仕舞い込んでおくのももったいないな……と考えたとき、ふとひらめいたのがディスプレイとして使うことでした。

ハンドルとファスナーはハサミで切ってしまい、がばっと開くように。中には百均の植物を入れて、フックで廊下の手すりにかけてみました。経年変

化で渋い色になったヴィトンが、家の雰囲気になじんでいるように思います。

上にかけている絵は、姪が小学校5年生のときに描いた版画絵です。いつもは何の悩みもなさそうな楽しげなカラフルな色使いなのに、この2枚は初めての大人っぽい色使い。なんだか「アートしてるやん！」と気に入り、もらっちゃいました。姪からもらった後に、ダイソーの550円の額に入れてみると素敵なアート作品になりました。

お金をかけないこんなインテリアが私らしいと思います。

Style 03

古い家にはあえてポップな家具を。メルカリで集めたデザイナーズチェア

我が家は古い日本家屋なので、白やベージュを基調とした今風のナチュラルスタイルのインテリアは〝単なる地味〟に見えてしまってぱっとしません。それならいっそのこと、「カラフルで派手なテイストの方が目眩まし効果でおしゃれに見えるのでは？」と考え、カーテンや家具などのインテリアはガツンとポップなものを集めています。

中でも好きなのはデザイナーズチェア。はじめはどんな椅子があるかよくわからなかったので、「デザイナーズチェア」で検索して好きな椅子をチェックし、徐々に覚えていきました。

今は、6脚のデザイナーズチェアがあります。

動画の作業部屋にあるのはスイスの家具ブランド、ヴィトラ社のティプトン。脚の前側が少し浮いていて、デスク作業のとき、前傾することができます。これが色違いで2脚。この本の表紙に写っているクリームイエローの四角いチェアはイタリアのモダン家具メーカー、ドリアデ社から出ているフィリップ・スタルク氏の代表的な作品で、トイチェアといいます。

ダイニングには、同じくイタリアのプランク社のモンツァチェアのグリーンがあり、寝室にも色違いでブルーを置いています。そして日当たりのいい廊下には、昔からある1人がけのソファのオットマンとして、丸いオレンジの椅子を購入しました。どれもカジュアルでポップなカラーなので、家の中を明るくしてくれます。

デザイナーズチェアは一脚3万~10万円くらいします。定価では高いので、買うときはいつもメルカリで。メーカー名や椅子の名称で検索をかけて通知が来るようにしておき、徐々に購入していきました。数千円から、高くても1万円台で購入するようにしています。

部屋の雰囲気をポップにしてくれる家具は、私にとって元気の源。気に入ったデザインに出会えたときの感動はひとしおです。メルカリでの購入は賭けみたいなところがありますが、気に入ったものを安く購入できるのは本当にありがたいです。

節約生活の中で、こういった気分を上げてくれるアイテムは大事な存在。一生大切にしていきたいと思います。

Style 04

お買い物は節約と体力アップをかねて、2時間ほどかけてあちこち回ります

日用品や食品などの買い物は、体力づくりをかねて3日に1回くらい、いろんなスーパーやドラッグストアを回ります。私は車の免許を取得していないので、買い物用のカートをごろごろと引いて行っています。幹線道路沿いにスーパーやドラッグストアなどが並んでいるのですが、健康のためにも遠くの大きなスーパーまで足を延ばしています。そうしたお店を何軒か、2時間くらいかけてぐるぐると回るのです。

家を出るのは夕方5時くらい。なぜかというと、ちょうどスーパーに着く頃にお惣菜が安くなっているからです。

はじめに遠くのスーパーまで行って、食料品を物色しつつ、雑貨や百均などをブラブラ見てまわります。少し戻ってきて一番安いスーパーでお水や飲み物を購入した後に、そこから徒歩5分くらいのところにある冷凍食品が一番安いドラッグストアに向かいます。そして我が家に向かう道を通り越して、最後にお目当てのお惣菜を売っているスーパーに着きます。その時間が7時くらい。この時間には、煮魚や焼き魚などのお惣菜が半額くらいになるのです。母を見送ってからは、家で魚料理はせず、お惣菜を頼りにしています。月に一度ほど、友達の車で道の駅や業務スーパーへ行くのも楽しみにしています。

特別に運動らしい運動はしていませんが、3日に一度の買い物は、節約と運動をかねているのでがんばって歩いています。

Style 05

節約だけでは寂しい。お花の定期便とバルミューダのキッチン家電が毎日の気分を上げてくれる

母がお花が好きだったので、生前、月に2回のお花の定期便を始めました。亡くなったときにやめようかとも思ったのですが、お花があるとやっぱり気分が違うので、そのまま続けています。

値段は月額1700円。友人から、「年金が少ないのに、ぜいたくやない？」と言われますが、「ビール代と比べたら安いでしょ？」と言い返しています。節約ですべて我慢していたら、心がどんどん寂しくなってしまいます。私は15年ほど前からお酒をまったく飲めなくなったので、心の栄養としてお花くらい飾ってもいいのではないでしょうか。歳を取ったら、自分が機嫌よくいられるように

お花はグラスや花瓶などに小分けにして楽しんでいます。ブティック時代のスタッフの手作りの飾り物と、友人作の招き猫といっしょに。

お金をかけるべきことにはかけるのも大事なことだと思います。

今使っているバルミューダのレンジとトースターも、そんな考えで選んだものです。おしゃれな家電があればテンションが上がって毎日元気に過ごせる。築50年の古い家なので家電で少しでもスタイリッシュに見せたい。そのために投資しよう、と思いました。

レンジ選びのポイントはあくまでもデザイン。文字などが書かれていないシンプルなものを探したら、パナソニックとバルミューダにしぼられました。家電量販店に何度も何度も行って使い勝手を確かめ、最終的には高いけれど快適に使えそうなバルミューダに。

結果、やっぱりバルミューダにしてよかったと思っています。賞味期限ぎりぎりの半額で買ったパンでも、このトースターで焼くととてもおいしく焼き上がります。レンジは、温めるときにドラムのスティック音、温め終えたときにギターの「ジャラ〜ン」という軽快な音色が流れて、おしゃれなんです。

レンジでお湯を温める1分50秒はスクワットタイムとして、足腰を鍛えています。ギターの音色が流れたらホット青汁カルピス（牛乳が飲めないので）を作ります。これで毎朝、気持ちよくスタートできています。

Style 06

歳を取ったら、おしゃれで賢い家電を生活の味方に

私の信条として、歳を取ったら機械化、というのがあります。

若い頃と違って、歳を取ったら無理も我慢もきかなくなります。毎日の家事も、今は優秀な家電がたくさん出ていますから、そういったものを利用して、心も体も少しでも楽をした方がいいと思うのです。我慢が美徳の時代もありましたが、超高齢化社会の今は、シニアがいつまでも健康に暮らせるよう自分自身の快適さを追求することも大事だからです。

さらにデザイン性の高い家電なら、いっそう心も弾んで家事が楽しくなりますよね。

写真の炊飯器は、母のために買ったもの。私は料理が苦手なので、せめてごは

んくらいはおいしいものを食べさせたくて、スーパーで一番いいお米を買ってきてこれで炊いていました。2合炊きというう大きさがちょうどいいですし、おかまの部分をとりはずしてテーブルにぽんと置けるのでとても便利です。

実は認知症の母が、一度このおかま部分をまるっと水洗いして壊れてしまったので、これは2台目。メルカリで探したら修理代と同じくらいの値段で出品している人がいたので購入しました。

キッチンの照明は、以前のものが高齢者には照度が足りず不向きとのアドバイスを受けて、シーリングライトファンUZUKAZEに買い替えました。この照明には空気を循環してくれる機能がついています。以前は、冬に暖房をつけても暖かい空気が上に行ってしまい、足元が冷えて困りました。サーキュレーターを使いたかったのですが、扇風機のような風を母が嫌うので諦めていました。でもこれにしてからは部屋全体が温まるようで、ガスストーブの設定温度を上げたり下げたりすることがなくなり、とても助かっています。暖房費も節約できるようです。

iRobotの床拭き掃除ロボット「ブラーバ」は、ジャパネットたかたの通販番組で知って、10回払いで買いました。歳を取ってつらくなる家事の中でも床拭き掃除は一番の悩みでしたが、ブラーバが家中きれいに拭いてくれるので買ってよかったと思います。週に一度くらい稼働させると、とてもさっぱりします。

HITACHIの2合炊き炊飯器のおひつ御膳。おひつ部分だけそのまま食卓に運べて便利です。

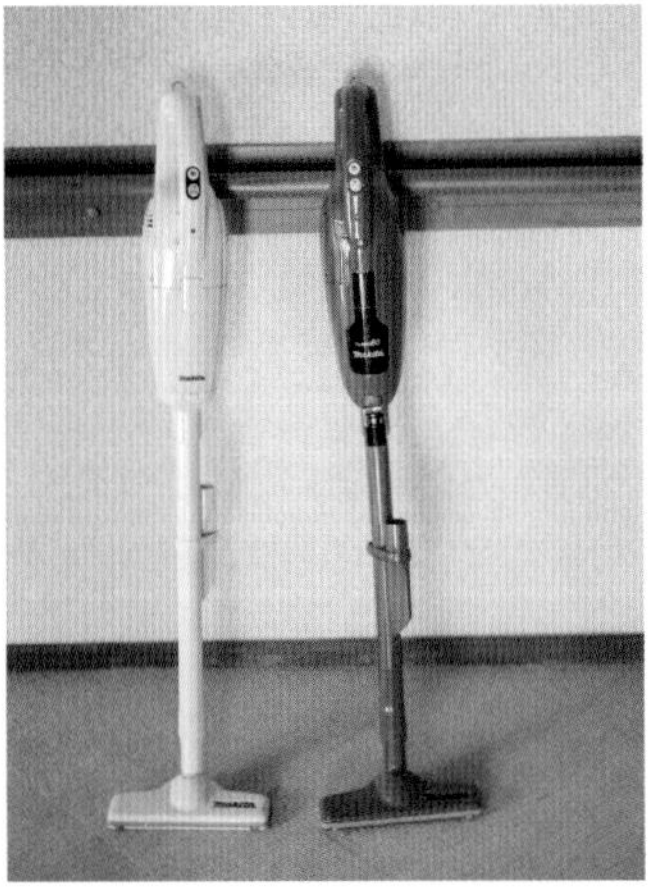

マキタの掃除機。トイレ用にメルカリで1台買い足して、我が家に2台あります。

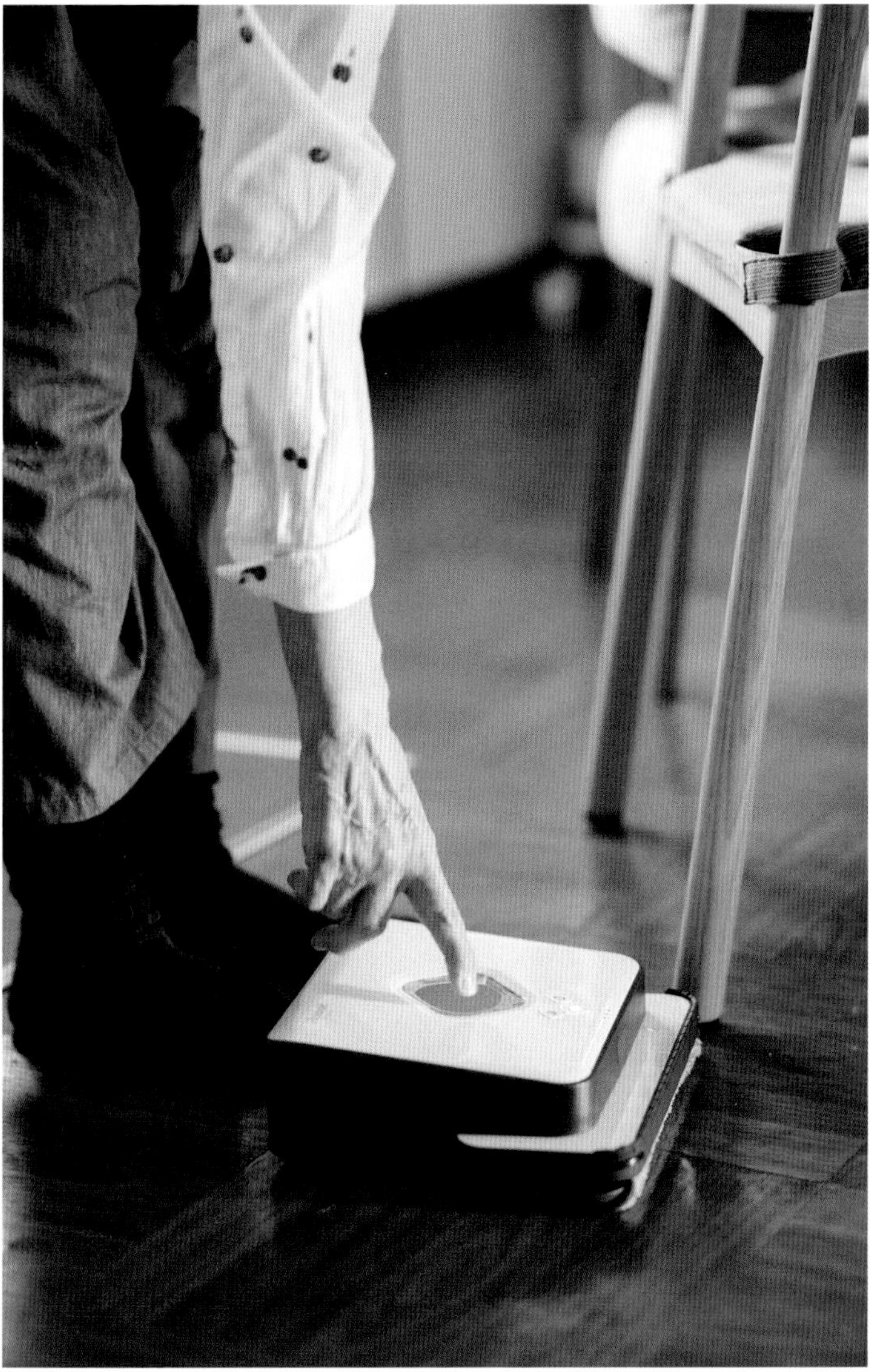

しんどい床掃除は、床拭きロボット「ブラーバ」におまかせ。

Style 07

基礎化粧品やメイク周りは、ほとんどメイコー化粧品

メイクには興味がないので、化粧品にはほとんどこだわりがありません。もともと肌はけっこう丈夫なので化粧品の合う合わないなどがあまりないのも、節約の面でかなり助かっています。亡くなった母が、病院から霊柩車に乗るとき看護師さんに「お肌がきれいね～！　95歳にはとても見えない」と言われたくらい肌がきれいだったので、私にも少しは遺伝しているのかもしれません。

今使っているのは、マネキンクラブ（販売員派遣会社）からの派遣先メーカーで「メイコー化粧品」というお手頃ブランド。プチプラ化粧品の元祖ともいわれるメーカーで、顧客は長年愛用しているシニア層がメインで、ポイントアップの

日には行列ができるほど。しかも肌の弱い方も安心して使え、化粧水が1本990円です。朝晩のお手入れは、この化粧水と、同じくメイコーのオールインワンのゲル（3960円）をたっぷり塗って終わり。お肌で気をつけていることといえば、夏は日傘と帽子を欠かさないことくらいです。

メイクをばっちりすると濃い顔立ちになるので、おでかけするときも、お化粧はメイコーのBBクリームとお粉、メルカリで買ったアイシャドウなどでささっと5分くらいで軽く仕上げます。私は唇の赤みが強くてリップの色がきれいに出にくいので、唇の赤みを抑えるコスマージュのリップコンシーラー（1100円）だけは必需品で、なくなったら買い足して、今は5個目を使っています。

周りを見ると、歳を重ねるにつれてお高いクリームなどを使っている人もいますが、私はメイコーで十分。この先もずっと使い続けると思います。

販売員をしたことがきっかけで使い始めたメイコー化粧品。化粧水、クリーム、下地、BBクリームまで、すべてメイコーです。

メイクは見苦しくない程度にうっすらとしています。デパコスはお高いのでメルカリで購入。ほとんど使っていないものも、よく出品されています。

Style 08

お風呂だけはリフォームしました。お湯はふろ水ワンダーで節約しています

私がまだ若い頃は、母が旅立った後は家を売って市営住宅への入居を考え、母にもそう伝えていました。なので家のリフォーム等はまったく考えていなかったのですが、風呂釜が壊れかけ、隙間風が入ってきて冬場はとても寒かったので、お風呂好きな母のためにお風呂だけリフォームをしました。母がデイサービスで入浴させてもらうようになってからは家でお風呂に入るのは私一人になったので、お湯を毎回換えるのはもったいないなと思って使い始めたのが、菌を除去してお湯をきれいにしてくれる「ふろ水ワンダー」。今も使って水道代を節約しています。

私の入浴法でちょっと珍しいかもしれないのは、体を洗うときに石鹸を一切使

わないことです。ミストサウナになるシャワーヘッドに換えたので、細かいミストが毛穴や体の汚れをきれいにしてくれて、泡で洗わなくてもよくなったのです。

このシャワーヘッドに換えてから、個人的には冬にかかとがひび割れることがなくなりましたし、何より、静電気が起きなくなったように感じます。販売員の頃はお客さんに洋服を渡すときにバチバチッとすごい静電気が起きていたので、静電気避けのゴムのようなものを3つくらい腕につけていましたが、それが必要なくなり助かりました。

リフォーム時は壁の色に悩み、グリーンを候補にしていたのですが、気に入ったものがなく、高齢の女性が好む色の第一位のピンクにしました。ピンクは若返りの色と言われているので私にも必要な色です。最初は戸惑いもありましたが、今ではすっかり慣れてお風呂での幸せ気分が倍増しています。

お風呂で使うのはリンスのいらない「自然葉シャンプー」と、洗顔用の植物成分100%の「ガミラシークレット」の石鹸のみ。殺風景なので、百均のグリーンを飾りました。

お水を節約するためのふろ水ワンダーは、20錠で300円ほど。

Style 09

友人の作ったお皿で食事時間を豊かに

毎年忘年会をしている友人は、2人とも陶芸が趣味で、1年に1回、公民館で展示会兼バザーを開催しています。

大きいものでも1個千円ほどなのですが、友達価格で大幅割引してくれてとても手頃なお値段なので、そのときにまとめて買っています。お値段も嬉しいですが、やっぱり友人の愛情がこもったお皿は、市販のものと全然違います。このお皿に盛るだけで、いつもの食事が心豊かなものになります。

これからは食器棚を全部友人のお皿で埋め尽くせたらなと思っています。

うさぎさんがにんじんを食べているように見える四角いお皿、とてもかわいくて気に入っています。ここに並んでいるお皿のほとんどが陶芸をやっている友人が作ったもの。うさぎさんの絵は友人の手描きです。

Style 10

朝、昼、晩の食事とおやつはこんな感じです

昔、「料理はストレス」と言っていたくらい、料理には自信がありません。食事については、おいしさや工夫というより、できるだけ労力をかけずにきちんと必要な栄養をとることをポイントにしています。

朝は、豆乳ヨーグルトに冷凍のブルーベリーを入れ、冷たいのが苦手なのでレンジで40秒くらいチンします。そこに、キウイを入れたり、オートミールを入れることも。オメガ3のオイルを少々垂らしたりもします。YouTubeでオートミールをすすめている方がいたので、健康によさそうと思って始めました。

飲み物は青汁にカルピスを混ぜた青汁カルピス。飲みづらい青汁もカルピスの味で飲みやすくなります。

ブルーベリーを入れるのは、苦手な豆乳っぽさを消すためです。潰せば紫色になって優雅な気分になり、味だけでなく見た目も楽しめます。

これだけでちょっともの足りないときは、パンを食べることもあります。昼は、お好み焼きやチャーハンを作ったり、時にはインスタントラーメンを食べたりして簡単に済ませます。

夜は、炒め物やニラとじなど簡単にできるおかずとサラダ、味噌汁。母が生きていた頃は焼き魚や煮付けも作っていましたが、1人になった今は一切していません。お魚を食べたいときは安くなったお惣菜をねらって買ってきます。「やっぱりたまにはお肉も食べないと！」と思って、マクドナルドのアルバイトに行った日は疲労回復のために豚肉を必ず食べます。

お酒を飲んでいた頃の習慣もあって、夜は、お米はほとんど食べません。疲れているときに糖質をとると余計に疲れると何かで読んだので、ごはんやパンは控えるようになりました。昔はおやつとして毎日のように菓子パンを食べていましたが、それもやめました。今は小腹が減ったら、ミックスナッツをひとつまみ、おやつに食べています。

サプリなども興味がないのですが、多少気を遣っているのが、加齢による筋肉の衰えを防ぐためのプロテイン。ザバスのチョコレート味のプロテインをお水にとかして勤務後などに飲んでいます。ドラッグストアに売っているカルシウム入りのウエハースもたまに買います。

ものすごくストレスがたまった！　というときの解消法は、マクドナルドの

Lサイズポテトを一気喰いすること。ふだんはMサイズですが、Lサイズを食べたくなると、自分でもストレスがたまってるな〜と自覚します。家にいるときはポテトが買えないので、じゃがりこLサイズをがしがしと一気喰いです。ストレス解消に高級寿司に行ったりする必要がないので、安上がりな女よ〜と自分でも思います。

インスタントラーメンもカップ麺も食べる、ごくごく普通の食生活。がんばって体にいいものを作ろう！　と思っても続かないので、無理をしないのが一番じゃないかなと思います。

粉類は百均の保存容器に。無臭のココナッツオイルは、認知症の母のために使い始めました。

Style 11

目指せ、未来の北九州市PR大使！

福岡といえば明太子。「あ、今日はおいしいめんたいが食べたいな」と思ったとき、「かば田」の「昆布漬辛子めんたい」を買ってきます。かば田は有名な海鮮物や惣菜のお店で、北九州市ではスーパーにも店舗として入っています。

私のYouTubeでの今後の目標として、地元・北九州市のよいところを紹介していきたいというのがあります。地元が大好きなのですが、成人式のはっちゃけぶりが有名なせいか、あまりよいイメージを持たれていないので、少しでもイメージアップに貢献できたら……と思うのです。かば田は、ファンの私としては北九州市のおいしいものとしてぜひみなさんに知っていただきたいものの一つ。贈答品としては規格外になる切れ子を使った昆布漬辛子めんたいは、ほかのお惣菜と合わせて3つで千円くらいになるのでいつも買っています。私にはぜいたくなのですが、毎日のごはんに一品プラスしたいときに最高です。東京の世田谷区にも店舗があるんですよ。

九州では博多ラーメンが有名ですが、案外、地元のソウルフードはうどんです。福岡市では「ウエスト」、北九州市では「資さんうどん」という有名なチェーン店があり、私は資さん派。資さんは福岡のようなやわやわなうどんではなく、ちょっと硬め。「肉ごぼう天うどん」と「かしわおにぎり」が定番です。3ヶ月に1回くらい、すごく食べたくなります。

友達の車でドライブに出かけ、お洒落なカフェを目指しているときに資さんうどんの前を通ったら、どちらからともなく食べたいねとなり、Uターンしたことがあります。資さんうどんはやっぱり欠かせません。

明太子のおせんべい「めんべい」は、地元でも大人気。北九州市にはおいしいものが紹介しきれないほどいっぱいあるので、ぜひ一度は足を運んでほしいです。

Style 12

キッチン用品売り場の同僚から聞いた、もっともおすすめのアイテム

「キッチン用品売り場で一番おすすめの商品は？」

長年百貨店のキッチン用品売り場に勤めている同僚にそう聞いたところ、間髪いれずに返ってきた言葉が「野田琺瑯《ほうろう》の保存容器」。

「野菜ももつし、冷蔵庫の中も片付くよ。キッチン売り場の担当はけっこうみんな持ってる。すごくいいから1回買ってみて」と強くおすすめされて、野田琺瑯を使い始めました。

使ってみたら、本当に野菜が長くもつことにびっくり。ひとり暮らしなのに道の駅で野菜をいっぱい買い込む私に、友人が「そんなに買っても食べきれんやろ？」と言ってきましたが、私の答えは「野田琺瑯があるから大丈夫！」。本当

に葉もの野菜もずっとみずみずしく、全部食べ切れました。
また、母がバナナの皮を山ほど剥いてしまったことがあるのですが、野田琺瑯に入れておいたら翌日もあまり色が変わらずにおいしくいただけました。

初めて購入して以来、百貨店のセールやメルカリでセット売りしているものを見つけて、大小いろいろなサイズのものを少しずつ増やしてきました。レタスなどの葉物野菜は、だいたい半分になっているものを買い、大きいケースに入れて保存。ケースの底には自分で金網を敷いて水が落ちるようにしてあり、少しずつ使ってはケースに戻して保存しています。

野田琺瑯があまりにいいので、母の葬式の香典返しをこれにしたところ、みなさんにすごく喜んでもらえました。
野田琺瑯のいいところは、蓋が壊れたり汚れたりしたら蓋だけでも買えるとこ

野菜はこんなふうにカットしてから、野田琺瑯の容器に入れて保存。
中身も見やすく、使い勝手抜群です。

ろです。よく言われることですが、いいものは長く使えるし、使い勝手もよいので、長い目で見ればお得だと思います。

容器を洗う仕事が増えましたが、なにより野菜室がいつ見ても綺麗なので嬉しくなります。

百貨店の販売員はよいものをたくさん見ているので、お知り合いにいたらおすすめを聞いてみるのもよいと思います。

Style 13

YouTubeは仕事にも楽しみにも欠かせない。こんなユーチューバーさんにお世話になってます

YouTubeは、もはや私の生活に欠かせません。昔はテレビを見ていましたが、今は夜、暇なときはほとんどYouTubeです。それもテレビモニターの後ろにグーグルクロームキャストを接続して40インチの画面で見ています。私のお気に入りのチャンネルを紹介しますね。

ファッション系では、「シトウレイ」さんと「あさぎーにょ」さん。シトウレイさんはファッションジャーナリストさんでファッショニスタ。センスが素晴らしく、個性的な最新のファッションをいろいろ紹介してくれて大好きです。あさぎーにょさんは自分でファッションブランドも手がけているインフルエンサー。

インテリアもファッションもカラフルで色使いがとても上手。若い人の感覚ってこうなのかなと思って参考にしています。

芸能人のチャンネルでは、ピーターさん、研ナオコさん、杏さんのチャンネルをよく見ています。若い頃ピーターさんの中性的な魅力に憧れて、メイクやヘアスタイルなどを真似したものでしたが、似ていると言われたのは研ナオコさんでした。これは私がまだお店をやっていた頃の話なのですが、宝くじを買おうといつも通る商店街の宝くじ売場の前に立つと、販売員のおばちゃんが私を見るなり顔を輝かせて「おばちゃんね、研ナオコの大ファンでね、あなたが研ナオコに似てるから見かける度にお話をしてみたいと思ってたの」と言われ、更に「握手してもらえる？」と手をおずおずと差し出されました。

それからというもの、前を通る度に握手を求められ、時には一緒にお茶タイムをしてケーキセットをご馳走になったりもしました。人をハッピーにさせる研ナオコさんの力に感動するとともに、ずっとファンでいます。

ピーターさんも魅力的な雰囲気がまったく変わらなくて、ＹｏｕＴｕｂｅでその姿が見られるので嬉しい限りです。お二人とも私と同世代なのにずっと変わらず活躍されていて、尊敬するとともに、ＹｏｕＴｕｂｅもされているということで勝手に親近感を感じています。

女優の杏さんのチャンネルも、杏さんがパリに引っ越されるときに知ってから見るようになりました。


ほかには、動画の撮影や編集についてのハウツー動画もたくさん見ます。ＹｏｕＴｕｂｅには本当にお世話になっています。私も、みなさんに喜んでもらえる動画をこれからもたくさん撮りたいです。

こんなふうに動画を撮影しています。少しでも脚が長く見えるように、カメラは下の位置にセッティング。

Style 14

本格的な年金生活に突入。毎月の収入と支出を公開！

収入

年金	5万円
マクドナルドのアルバイト代	3万円
合計	**約8万円**

＋

YouTube収益
（閲覧数などによって変動）

がんばったかいがありました！

支出

食費	2万5000円
光熱費・水道代	1万円
医療保険、がん保険、火災保険など	1万円
健康保険、介護保険	1万円
通信費・携帯電話代・NHK	1万7000円
美容院・化粧品	7000円
お花	1700円
合計	**約8万円**

今の、毎月の収支はこんな感じです（数字はおおよそです）。

だいたい月8万円でやりくりしています。ですが、やはり何かと出費は増えてすぐに足りなくなり、貯金が減っていく一方だったので、マクドナルドでのアルバイトも、YouTubeを始めたのも、少ない年金にプラスして少しでも収入を得たいというのが目的でした。

一年ほど前から、YouTubeチャンネルを始めようと思っていることは周りの人に言っていましたが、「ほんとにできるの？」とみな半信半疑でした。「できるかもしれないけどたいした金額にはならないいんじゃない？」と言われていたので、収益化は自分でも本当に驚き、嬉しかったです。

YouTubeは長年かかってやっと見つかった、自分の得意なことを活かせる場だと思っています。この年齢でそんなことに出会えたのが何より嬉しいです。

ずっと行き当たりばったりの人生、私の性格のことなのでこれからも変わらな

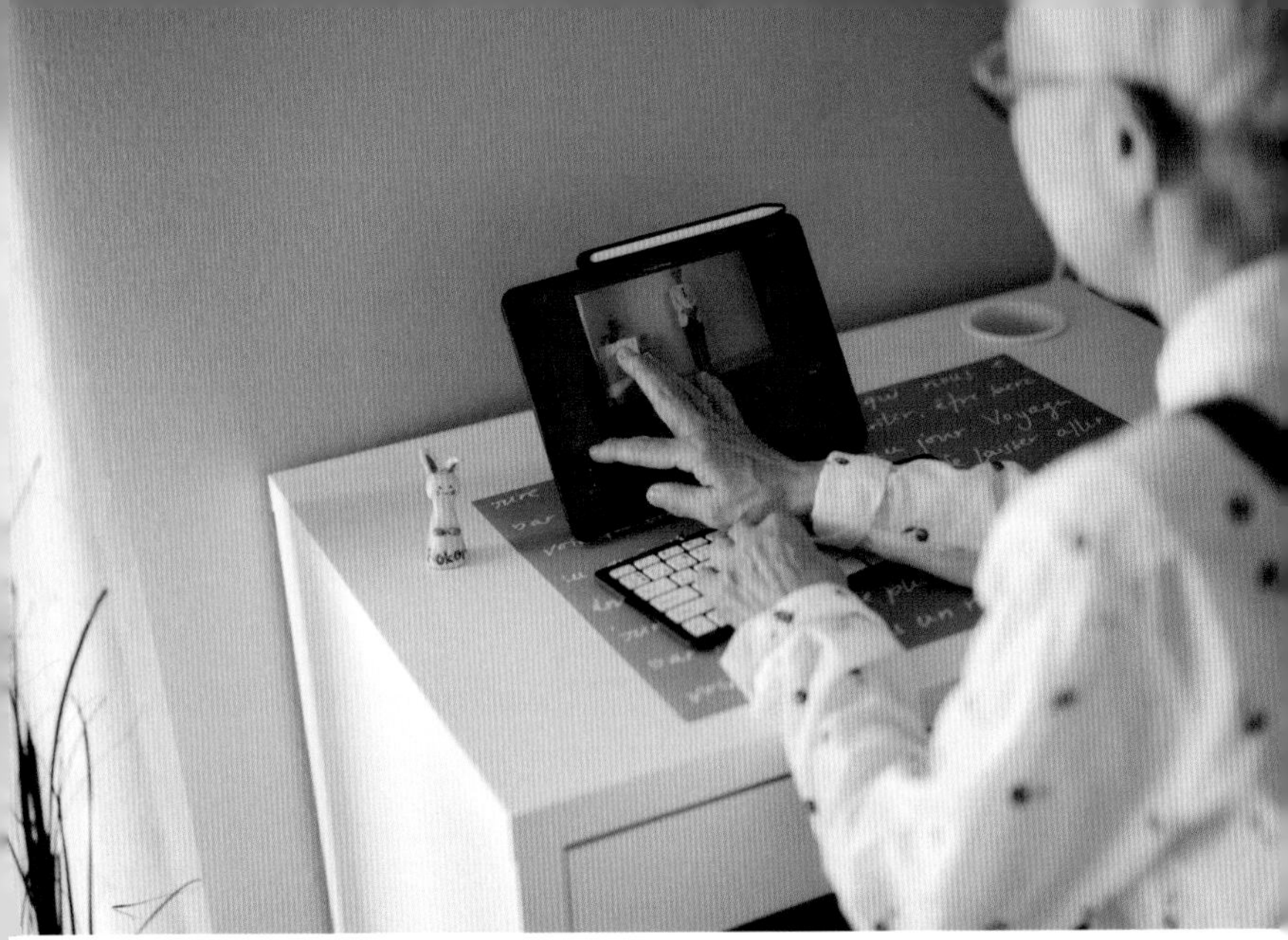

いと思いますが、今は、仕事として
YouTubeをがんばっていきたいな
と思います。

Style 15

ぜいたくはしないけどケチケチもしない。お金については樹木希林派です

昔、テレビで見たのですが、俳優の樹木希林さんは、マンションや家を買って、仕事をがんばるためのプレッシャーとしていたそうです。それを俳優仲間の浅田美代子さんにもすすめ、「家を買って仕事をがんばりなさい」と言って買わせた、ということでした。

有名俳優さんと比べるのはおこがましいですが、私もどちらかというと樹木希林派。なんでもかんでもケチケチ節約するよりは、ちょっといいものを持ってがんばろう！　という考えです。

ですから、YouTubeが収益化したときに真っ先に買ったのは、前からほし

くてたまらなかったiPhoneの最新機種でした。収益化達成でほかには特に何かほしいものがあったわけではないのですが、iPhoneだけは買おう！　と心に決めていました。

私の収入からすると、iPhoneはまさにぜいたく品です。機種代がかかるので毎月の支払いがグンと上がってしまいました。でも、このiPhoneは、私の新しい仕事、YouTubeチャンネルのための仕事道具でもあり、撮影をがんばるためのモチベーションとなっています。

節約ばかり考えていたら心も生活もどんどん小さくなってしまいますが、YouTubeをがんばろうと思うことで、自分なりの生きがいや希望も生まれました。

それに、もうこの年齢でいつ死ぬかわからないのですから、早く買って使えるうちにたくさん使った方がいいですよね。そう思いませんか？

第4章

何歳からでも新しいことに挑戦

Style 01

YouTubeチャンネルを開設するまで

毎日のようにYouTubeで動画をあれこれ見るようになり、あるとき、ふと気になって60代、70代のユーチューバーのチャンネルを検索してみました。そうしたら、想像よりもずっとたくさんの動画が出てきました。「シニアも動画を配信する時代なのね!」と思って見ていくと、けっこう多かったのが、熟年離婚をテーマにしたチャンネル。人気テーマのようで、別れた元旦那さんへの恨みつらみを切々と語るような、重めの動画がいっぱいありました。その中で、DV夫との泥沼離婚の調停中でありながらも、「嫌なことは笑い飛ばしていきたい。新しい人生を謳歌している今の生き様を残したくて始めた」と語っている「70才からのセカンドライフ」さんの動画を見つけたのです。そこで、はっと

「いや、デジタル好きな私がしないでどうする！」と思い立ちました。それが、今こうして本を書くことにつながっているのですから、我ながら本当にびっくりします。人生何が起こるかわかりませんね。

ブログは長いこと書いてきましたが、動画は未経験でした。そこでチャンネルを開設すると決めてからは、半年くらい、同世代のユーチューバーさんの動画を見まくったり、撮り方や編集を独学で勉強したりと、研究しました。研究結果は専用のノートにまとめ、どんなチャンネルを開設するか、戦略を練っていきました。

動画を見て気づいたのは、シニアユーチューバーは全体から見たらまだ少ないこと、ファッション系のチャンネルもまだ少ないこと、ファッションを紹介している若いユーチューバーでも、買ってきたものをそのまま紹介していたり、わりと普通のコーディネートの人が多いということ、などです。

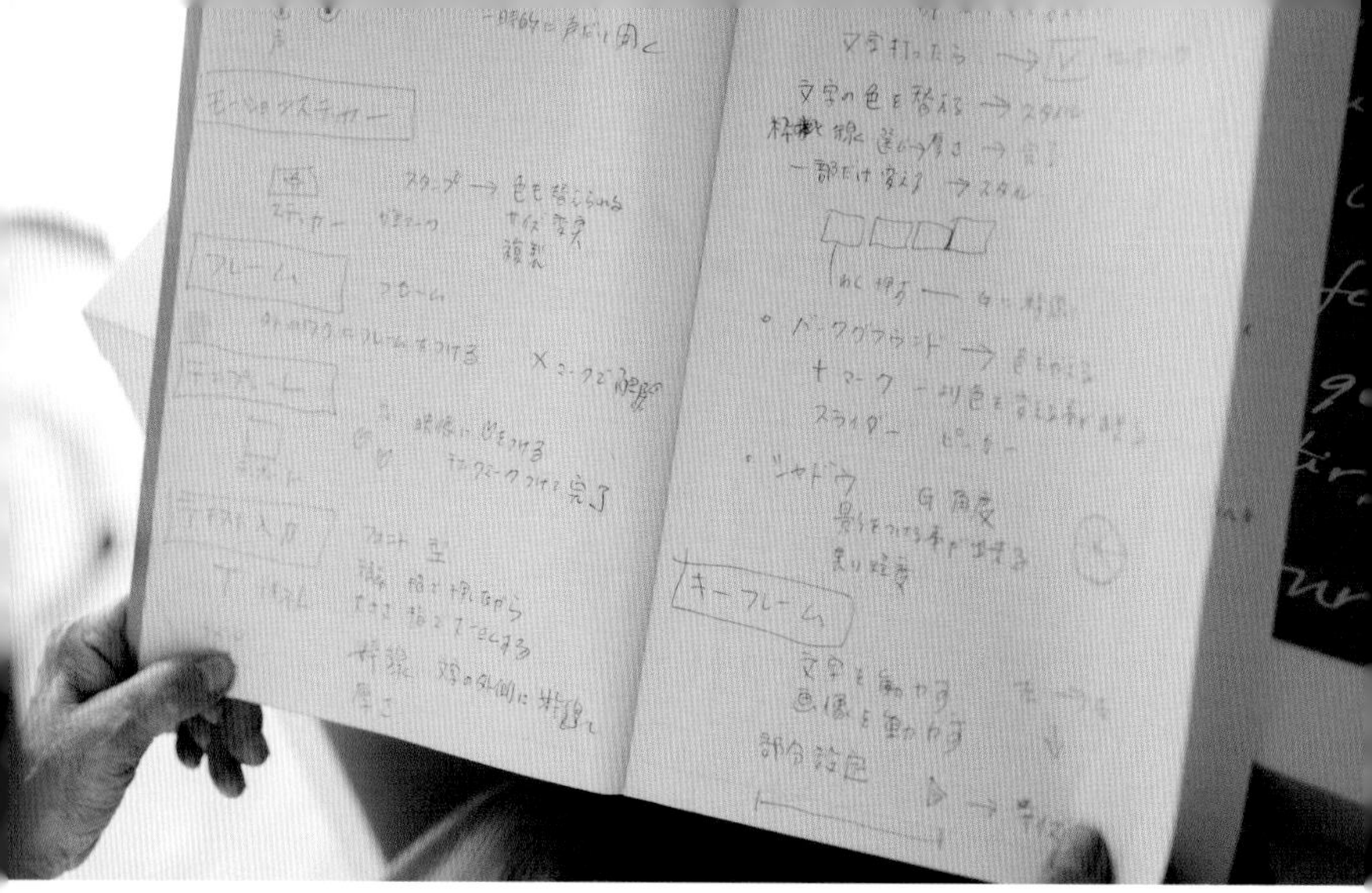

YouTubeを始める前の研究ノート。我ながらがんばりました！

どういうチャンネルがいつ開設され、いつ、どんな内容のときに人気が出て、どれくらい登録者が増えたかなど、データ的なことも時系列を追って細かく調べてノートに全部書き込み、内容やテーマを決める参考にしました（戦略を練るのは、昔からけっこう好きなのです）。

ほかには、「YouTube初心者」と検索して、撮影スキルや動画編集について解説してくれている動画を探し、たくさん見て勉強しました。

YouTubeには初心者向けの知恵

を易しく解説してくれている方がたくさんいるのでとても助かります。それでも、私は何回も繰り返し見ないと頭に入りませんでしたが。撮影方法や編集方法もノートにぎっしりとメモしました。

こうして研究していた半年間もマクドナルドで働いていたので、とても疲れてしまいました。

それにプライベートでも友達の車で遊びに行ったり、家では庭の手入れもしなくてはならず、とうとう体調を崩してしまい、思い切ってマクドナルドは1ヶ月お休みをもらうことにしました。2週間くらいゆっくり休んで回復した後、4週間目に、ついにチャンネルをスタートしました。

Style 02

71歳。世界の片隅でユーチューバーになる

1本目を公開した直後に見てくれたのは、友達とその友達だけ。でも、ハウツー動画のチャンネルを見ているときに知った、「新人ユーチューバーの動画は、公開10日くらいでおすすめにあげてもらえることがある」という知識がありました。そのときにドンと視聴者が増えるから、1本目の動画はとても大事なのだそうです。

1本目の内容はすごく悩んだ末に、「70代低年金シニアエッセイ」として、マクドナルドでアルバイトを始めたことと、得意のプチプラコーデに決めました。その動画の中で、

「服にはチカラがあると思います。

プチプラな服にもクオリティの高いモノがあり、チカラがあります。

私はそのチカラを借りて、低年金であれど目線を上げたいと思います。

そして気分を上げて70代を楽しみたいと思います」

と、思いを伝えました。


動画を投稿して10日後、再生回数がそれまで1日に10回から30回程度だったのが、一気に300回を超えていきました。YouTubeが新人の動画をおすすめにあげてくれるというのは本当でした。特にシニアは競争相手が少ないのでチャンスを掴めたようです。登録者もドンと増え、あたたかいコメントもたくさんいただけるようになりました。

そして2本目を公開後に、収益化の基準であるチャンネル登録者千人を達成。

1本目の投稿から25日目にして収益化審査をクリアし、念願だった収益化を達成できました。

ああよかった、ユーチューバーになれた……。心からほっとしました。収益化までにはたとえシニアでも半年以上かかるかなと思っていたので、本当に嬉しかったです。71歳で、将来への希望が見えた気がしました。

Style 03

「ロコリ」という名前の秘密

私の本名は「ひろこ」といいます。YouTubeでのハンドルネームは「ひろこ」の「ろこ」に「り」をつけて「ロコリ」。YouTubeを始めるにあたってハンドルネームもとても大事だと思ったので、いろいろ作戦を立ててつけた名前です。

最初に決めたのは、「名前はカタカナ3文字にしよう」ということでした。「マック」とか「ミスド」とか「PASMO」とか、世の中には3文字の名前が多いので、きっと誰もが覚えやすいし、言いやすいんだろうなと思ったのです。また、検索ではカタカナの名前が最初に出てくると聞いたので、カタカナも必須だと思いました。

ですが、「ひろこ」とか「ひろ」だと、すでにあまりにもたくさんの方がいます。だから「ひろ」は避けて下の「ろこ」を使うことに。後は、それに何の字をつけて3文字にするかです。


決め手となったのは、以前参加した講演会でした。

北九州市の新聞社主催で開催された、日本ネーミング協会理事の黒川伊保子さんの無料講演会に参加したことがあったのです。そのときに黒川さんが、「ネーミングでは、笑顔で終われるように、五十音の〝イ段〟の文字を最後につけるといいですよ」とおっしゃっていたことがずーっと心に残っていました。

確かに、「イ」を発音すると口角が上がります。百貨店の研修でも、必ず「イー」と言って笑顔の練習をします。

それはよさそうだ、と思い、結果として「にっこり」の「り」をとって「ロコリ」に。自分でもいい名前ができたと思いました。

YouTubeでは「コロリ」と見間違える方もいますが、特に気にしていません。親近感を持ってもらえたらそれでいいと思っています。

こんなふうに、70代の知恵をあれこれ総動員して、YouTubeチャンネル「70代　ロコリ」がようやく立ち上がりました。

Style 04

69歳、仕事探しの4つの条件

百貨店に勤めているとき、70代くらいのかっこいい女性が売り場に来られたことがありました。おしゃれだし、姿勢や歩き方がシャキッとしていてどこか普通の人と違う雰囲気を持っている方だな、と思っていたところ、向こうも私に興味を持ってくれたようで、3〜4回お話をする機会がありました。

あるとき「これから仕事なの」とおっしゃるので「なんのお仕事ですか？」とうかがうと、スイミングクラブのコーチをしているとのこと。詳しく聞くと、なんと1964年の東京オリンピックに八幡製鐵から出場した、元水泳選手の方だったのです。

もう、さすがというか、ああ、70代でもこんなふうにかっこよくいられるんだ、すごいなあ！　と思いました。

母も70歳を過ぎても活動的でしたし、こんな出会いもあり、私には70代はまだまだこれからという感覚がもともとあります。

そんな私が70代目前で、母が旅立つのと時を同じくして勤めていた百貨店が閉店し、無職に。年金だけでは到底生活できないので、すでにお話ししたように、新しく仕事を探さなくてはなりませんでした。さすがに、「69歳の女を雇ってくれる職場なんてあるのだろうか？」と不安がよぎりました。

それでも、母の介護も終わり、これからは自由に時間を使えるのだからと前向きに考え、仕事探しに際して4つの希望条件を設定しました。

❶今までに経験のない職種であること

❷若い人たちに混じって働けること

❸外が見えること
❹トイレがきれいなこと

10年間母の介護をしていたので気分を変えたかったこともあり、介護職は候補に入れない。販売職はもう十分やった。以前に派遣された古いショッピングセンターでは従業員用トイレが汚くてすごく嫌だったからトイレがきれいなところで、若い人から刺激を受けられるところがいい。そして外が見える明るいところ——と考えていったらこの4つになったのです。

そして驚いたことに、この条件にぴったりのところが、第1章でも書いた通り、近所にできた新しいマクドナルドだったのです。特に思ったのは、このマックは3方向が窓で、なんと言うか、気の巡りがとてもよく気持ちよいということでした。「この空間の中で働きたい、ここだ!」と直感的に感じました。

「スタッフ募集！　70代の定年退職者も活躍中！」のチラシを見ておそるおそる応募したい旨を伝えると、すぐに面接の日取りが決まりました。

行ってみると、当たり前ですがスタッフは若い人ばかりです。百貨店に勤めていたときの黒のスーツで来ちゃったけど場違いだったかな、変に思われてないかな……。勢いで申し込んでみたけれど、いざ面接当日になったらどんどん緊張してきました。

面接をしてくれたのは、30代と思しき店長。自分の半分くらいの年齢だなと思ったらますます緊張してきましたが、とても話しやすい方だったので、なんとかにこやかに応対ができました。そして2日後、お電話をいただき、晴れて採用となったのです。

McDonald's
McCafé
プレイランド

Style 05

私にとってアルバイトは「お金がもらえる楽しいジム」

マクドナルドでは、たくさんあるメニューを覚えて複雑なオーダーを受けるのはとても無理と思ったので、2階のフロアを希望し、トレイを運んだり、清掃をしたりといった仕事をしています。

シフトは、はじめは6時間×週5日でしたが、若い子から「なんでそんなにいっぱい入るんですか~?」と聞かれ、ふと周りを見ると、みんなはもっと短時間で好きなときに入っているようです。フルタイムで百貨店で働いていたときの感覚で長時間入っていましたが、だんだん疲れてしまい、YouTubeが収益化できてからは週2日、土日のランチタイムの2時間だけにしています。

ただ、週末だけにすると、平日はずっと家にいることになるので、金曜日になるとなんだか体がドテッとした感じが……。ですから、理想は週の真ん中の水曜日にも出ること。そうすると1週間のリズムがちょうどよく、ダイエットにもなり、若い同僚たちと話すのも楽しくて気分転換になり、一石三鳥。「お金をもらえるジム」だと思ってがんばっています。

マクドナルドでの仕事は、広い店内を歩き回るのでけっこう疲れますが、百貨店のようにノルマがあるわけではないので精神的にはずっと楽です。

最初は、困ったお客様が来たらどうしよう？　ということが心配でしたが、実際にはとてもよいお客様ばかりでした。びっくりしたのは、ほとんどの方が、私がトレイを下げに行くと「ごちそうさまでした～」とか「ありがとうございます」と言ってくれること。私自身はファストフード店で「ごちそうさま」なんて言ったことがなかったので感激しました。

ごくたまにですが、ソファに寝そべったり、友達と大勢で騒いだりするような、ちょっと困った子たちもいます。そういうときは、「ここは飲食店だからね。公園や学校とは違うから静かにしようね」と注意したりもします。

この店舗には私の母校の後輩たちもよく来るのですが、彼女たちがグループで来て、足をおっ広げてだらしなく食べていたときは、さすがに見過ごせなくてこう言いました。

「あのね、マックのおばちゃんとしてじゃなくて、あなたの高校の先輩として注意してるからね。ここはあなたのお家じゃないのよ。もっとかっこよく座って食べようよ」

最初はきょとんとした顔をしていましたが、「マックの人」ではなく「高校の先輩」と言ったことがよかったのか、「はい！」と言って座り直してくれました。

マクドナルドでは、同僚も大学生など若い人が多いので、彼らの若いエネルギ

ニューヨーク的なスタイリッシュな空間で働けることがアンチエイジングになるような気がしています。

ーの中にいると、自分も若くなった気になれます（錯覚ですが）。

これまでは、休憩室で「その服かわいいやん、どこで買ったん？」といった雑談をするくらいでしたが、今回出版のために店で撮影をさせてもらい、みんなにYouTubeのことがバレたことで、「応援してます！　チャンネル登録しましたよ！」「インスタフォローしました！　私のもフォローしてください」などと声をかけてもらえるようになりました。新しくちょっと深い交流が始まったのがとても嬉しい

仕事は忙しいですが、いろいろな世代のお客様や同僚とお話ができるので新しい気づきがあり、勉強になっています。

です。

この店舗で一番高年齢の方は、70代の男性で、朝の早い時間に働いているようです。外国の方もたくさん働いていて、この間も、長いカタカナの名前の若い男の子と同じ時間帯を2人で担当し、「どこの国の人？」なんて話をしました。

たくさんの刺激をもらえて好きなタイミングで好きな時間働けますし、何よりクルー全員で一丸となってスピーディーに臨んでいくワンチーム感が、とても気に入っています。

Style 06

85歳までハツラツとしていた母は、私の生き方のお手本

新しもの好きで常に新しい環境に飛び込んでいく私の性格は、母ゆずりかもしれません。

母はモダンでとてもおしゃれな人で、身長162cmと当時の女性にしては背が高く、私から見ても美人でした。

行動力やチャレンジ精神も旺盛でした。まだ自家用車が一般的でなかった時代に、自動車の運転がしたくてしたくてたまらず、運転免許を取得。ですが、父のお給料では車は買えません。そこで母がどうしたかというと、「社長お抱えの運転手」の募集を見つけ、見事採用されたのです。

社用車の大きなクラウンを女性ドライバーが運転する姿は、当時かなりハイカ

ラだったと思います。「交差点で車を停めると、みんなが振り返って見るのよ」と母が自慢していたのを思い出します。

母が71歳でカラオケの講師になったのも、びっくりするようないきさつでした。当時の私は40代半ば。私が結婚しないことを気にしていた母は、そのストレス解消のためか、友達とよくカラオケに行くようになりました。

そこで、もっとうまくなりたい！ と思ったようで、偶然カラオケで一緒になった歌のうまい方に、「先生になって歌を教えてください」と頼み込んだのです。

その方は地元のデパートに主任として勤める男性でした。そのことを知った母は、「カラオケ教室を開いてください」とその男性の売り場に何度も何度もお願いに行きました。売り場では、「あのおばあちゃんまた来たよ」と有名になるくらいだったようです。その方はもともと趣味で歌っていたのですが、母のお願いがきっかけでカラオケ教室を始めることになり、今でもまだ活躍されているそうです。

そのうち、熱心に歌を練習した母自身も講師となり、近所の公民館などでカラオケ教室を開くまでになりました。

母が好きだったのは歌謡曲やシャンソン。発表会ではきれいな銀髪に貸し衣裳の華やかなドレスを着こなし、華がありました。71歳で自分の教室を始め、認知症を発症する85歳まで続けましたから、たいしたものだと思います。

残念ながら〝美人〟については遺伝しませんでしたが、母の行動力は、今も刺激になっています。

第5章

10年間の認知症の母の介護と私の病気を乗り越えて

Style 01

そして介護が始まった

80代になっても近所の公民館でカラオケの講師をし、毎年発表会を行っていた母。そんな母もさすがに体力が落ちてきたなと感じたのが85歳になった頃でした。生徒さんのお月謝をいただいたとかいただいていないとかのちょっとしたトラブルもあり、そろそろ潮時だろうと、15年近く続けたカラオケ教室をやめることになりました。今思えば、この頃から軽度の認知症の症状が出ていたのです。

最初にあれ？　と思ったのは、買い物に行く度に、こんにゃくと歯間ブラシを買ってくるようになったことです。今までそんなことをしたことはありませんでした。

姉に頼んで病院に連れていってもらうと、やはり「始まっていますね」ということで、デイサービスを頼むことになりました。施設も検討しましたが、近くに手頃な空き施設がなく、また、見学に行った施設では認知症のお年寄りが大声でわめいていたりしたので、おしゃれで華やかだった母を入れるのは忍びないような気がして、みれるところまでは家でみよう、ということにしたのです。

だんだんと症状がひどくなると、週3日→4日→泊まり、と、デイサービスの日が増えていき、母の体調によっては私も仕事を休まざるを得なくなっていきました。

前にも書いたとおり、認知症の介護というのは、一筋縄ではいきません。毎日デイサービスに送り出すだけでも一苦労ですし、母が動けなくなったり、予想外の行動をすることに神経がすり減っていきました。

台所に立ちたがる母は、あるときは、ティファールの電気湯沸かし器をコンロにのせて火をつけようとしていました。そのティファールを水で丸洗いして壊してしまい、さらに電気釜も同じように水洗いして壊したので、使うとき以外は押し入れに隠しました。それに代わって魔法瓶の水筒を用意して、母の前に置いていました。

トイレに立ったはずがなかなか帰ってこないので心配になって見に行くと、洋式便器に片足をつっこんでいたこともあります。お風呂と勘違いしたのです。トイレがつまったので業者さんにみてもらうと、シャツが出てきたこともありました。

トイレといえば、お風呂で大便しようとしていたこともあります。そのときはびっくりして思わず、「やめてー!」と、悲鳴のように叫んでしまいました。時すでに遅しでしたが。でも振り返ればお風呂の件はまだマシでした。最後の方は、トイレに行きたくなると全裸になるようになり、トイレまで間に合わないので廊下でも部屋でも、ところかまわずもらしてしまうようになったのですから。そのために高めな使いやすい消毒液をまとめ買いしていたので、コロナ禍に入ったときでも困る事はありませんでした。

そしてついに家を抜け出して徘徊し、警察のお世話になったときは、ああ、もう限界だ、と思ったものです。この頃には施設に申し込んでいましたが、順番待ちですぐには入れず、ひたすら耐える日々でした。

この頃を思い返すと、もっと優しくしてあげればよかったと後悔する気持ちがあります。ただその当時は必死でしたし、実の親子だからこそ複雑な思いがあって、いい顔ばかりはできなかったなあと思います。

それでも、ちょっと心あたたまる思い出も残っています。母の部屋のレースカーテンを優しいペールトーンの柄物にしたときの反応は、「ふーん」とそっけなかったのですが、縁側のカーテンを換えたときは驚くような反応を見せたのです。オレンジやピンクなど、きれいな色が好きだった母のために、子ども部屋のようなかわいらしいプリントのカーテンに換えたら目を輝かせて「あらーおしゃれね～。ハイカラになったやん」とそれはそれは喜んでくれました。

ダイニングテーブルにＩＫＥＡのカラフルな布をかけたときも、母の好きなオレンジやグリーンが入っていたので、きれいきれいとハイテンションで喜んでいました。もともと華やかな色が好きで、ピンクやオレンジの服もなんの抵抗もなく着こなしていたので、認知症ではあっても美的センスには最後までこだわりがありました。私が、お年寄りがはくニットジャージのようなズボンを「暖かくてはきやすそう」と思って買ってきても「こんなばあちゃんみたいなの」と言って絶対にはかず、たっぷりとストレッチの入ったジーンズばかりはいていました。


母を連れて夏祭りに出かけた日のことはよく覚えています。

その日は私ももう料理を作るのもめんどうで、夏祭り会場に母を連れていき、やきとりでも買って夕食にしようと思っていました。ところが母は、断固として

「行かん！」と、なだめてもすかしても動こうとしません。しまいには大げんかになり、母が「わかった。もうあんたの言う通りにする！」とベッドにあった本をバーンと投げつけ、やっと言い争いが終わりました。

険悪な雰囲気でしたが、なんとか母を車椅子に乗せて会場に行くと、盆踊りが始まっていました。「ここで待っとってね」と車椅子を隅に寄せ、夜店に買い物に行こうとしてふと振り返ると、母が必死で車椅子から降りようとしています。周りの人が一生懸命手伝ってくれて車椅子を降りた母は、そのままトコトコと盆踊りの輪に入っていき、なんと、踊り始めました！

会場の雰囲気と、久しぶりにお友達と会ったことで急に元気が出たようでした。やっぱり音楽や踊りが好きだったんですね。

その後は機嫌よく、「今日は楽しかった」と帰ることができました。

こんな介護の日々は、丸10年続きました。

Style 02

自分自身の体調トラブル
――緑内障と白内障

母の介護をしていた10年間は、私も60代になり、体力の衰えを感じるようになってきた時期です。

中でも目のトラブルは、私にとって大きい出来事でした。

あるとき、夜中にひどい吐き気と頭痛に襲われ、ちょうど友達が脳出血で倒れたすぐ後だったので不安になり、救急車を呼んで救急外来のある病院に運んでもらいました。そのときは肺炎と言われたのですが、1週間後、また同じ症状に襲われました。気になって調べると、緑内障の症状に頭痛と吐き気とあります。若い頃に視力がよかったせいか、かえって老眼の進みが早く、目の健診で緑内障になりやすいと言われていたので、やっぱりそうかと思いました。

眼科に行くと緑内障と診断され、すぐに手術をすすめられました。そのときに、「白内障の症状もあるけど、もう少し大丈夫そうですね」と言われ、「え！　白内障も？」と思いました。そして緑内障から2年後、白内障の手術も必要になりました。

また手術か……と思い、よくお世話になっている眼科の隣の眼鏡屋さんに行き、「手術って言われちゃった。どう思う？」と店長に相談すると、「そんなの、早くやった方がいいに決まってますよ～」とのこと。そういうものなのか、と決心がつきました。

私の行っていた病院では、白内障の手術はまず片方をし、その2週間後にもう片方をやります（病院によっては両目をいっぺんにやるところもあるようです）。

手術自体は15分くらいで、その日はタクシーで帰宅しました。

次の朝にまた病院に行って眼帯を取ると、視界がわっと明るくなりました。帰宅して部屋を見回すと、襖の上の方に埃がたくさんついているのが見えて、びっくり。慌てて埃を払い、家中を見て回ると、たくさんの埃が目に付き、ショックでした。それほど見えていなかったのです。

私は白内障の自覚症状はなかったのですが、手術してからは視界が変わったので、こんなに明るくなるなら早くやればよかった、と思いました。以前は母よりもひどかった老眼が、今は大きい字ならメガネなしでも読めるくらい回復しています。

それに、手術をきっかけに新調したメガネが、今ではYouTubeで私を覚えていただく目印になったので、これもよかったと思うことのひとつです。

目の手術というと、やはり怖いですし、迷っている方もいらっしゃるかもしれませんが、私としては、できれば早くされることをおすすめしたいです。

Style 03

ルンルンを売っておうちでは介護の日々
――心が折れそうなときの乗り越え方

介護を投げ出したくならなかったと言えば、嘘になります。母に優しくしてあげたい。でももう限界を感じる。この生活はいったいいつまで続くんだろう――。心が折れそうになったとき、助けてくれたのは音楽でした。

若い頃からロックが好きで、ディスコやダンスミュージックも大好き。夜、ワイヤレスイヤホンをして、ノれる音楽を聴きながら、気分だけはランウェイのつもりでモデルウォークで買い物に出かけるのが、毎日のリフレッシュ法でした。

本当にきつかったときは、母が完全に寝入った10時か11時くらいに家を抜け出し、徒歩3分くらいの近所の公園へ行きました。

そこで何をするかというと、イヤホンで音楽を聴きながら、街灯をミラーボールに見立てて踊りまくるのです！　時折車が通っていましたが、家の中で踊るより外で踊った方が何倍も発散できたので、見られることなんておかまいなしでした。30分ほど一心不乱に踊るとくたくたになって、家に帰ってわーっとベッドに倒れ込みます。それくらい体を使って頭を空っぽにして、ようやく気分転換できていました。

もうひとつ、介護中のはげみになっていたことがあります。

北九州市で認知症患者を抱える家族のための「老いを支える北九州家族の会」に入会したのですが、その会報誌に投稿欄がありました。そこで、母のエピソードを面白おかしく綴って投稿すると、編集委員の方から「面白かったです」とお褒めの言葉をいただきました。それをきっかけに、連載のような形で記事を掲載してもらうようになりました。タイトルは林真理子さんの『ルンルンを買っておうちに帰ろう』をもじって「ルンルンを売っておうちでは介護」。

介護に疲れたとき、夜、家を抜け出して行った近所の公園。イヤホンをして、この街灯の下で1人で踊りまくりました。

この連載のおかげで、母とのバトルやトラブルがあったときも、「よし、次はこれをネタにしよう」と、少し冷静になることができました。まあ、最初のうちは笑いに変えていたエピソードも、最後の方はどんどんシビアになってはいきましたが……。

連載は18回続きました。そのうちに、好評なので会員向けに講演会をしてくださいという話になり、人前で話すのなんか無理です、とやりとりしていたちょうどその頃、世間はコロナ禍に。人が集まる機会はすべて中止になったのでこの企画も流れ、ほっとしました。

母とのエピソードはブログにも書いていました。

あるとき、母に優しくできる方法として、2人で公園に散歩に行っていることを書きました。おやつと、ポットに入れたお茶を持って、公園に行くのです。生活感のある空間から一歩外に出ると、お互いにほっとして気持ちがほぐれ、優しく接することができました。

ちょっと遠くの公園には、タクシーで行って、帰りは車椅子に乗せて帰ってきました。母が好きだった「資さんうどん」に寄って帰ることもありました。

この散歩のことを介護ブログの仲間にコメントでおすすめすると、その方も実際にされたそうで、「久しぶりに楽しい時間が過ごせて気分が変わりました」とブログに書いてくれました。自分の経験が少し誰かの役に立ったのかなと思い、とても嬉しかったです。

Style 04

母との別れは意外な形で

「肺炎の疑いがありますので、新型コロナの検査をさせてください」

病院でそう言われたときは、まさかコロナであるわけがないと他人事のように思っていました。ところが、そうではなかったのです。

熱で朦朧としている母を救急車で病院に運び、一通り検査を終えて結果を待っていたときです。

2020年3月。北九州市ではまだ4例ほどで、それも外国人観光客を乗せたと思われるタクシー運転手や海外渡航歴のある方でした。もちろんその病院でも前例はなく、検査はルールに従う形で行われていたと思います。

なので翌朝に「お母さん、陽性でした」と医師から連絡を受けたときは、気が動転しましたし、電話の向こうからもただならぬ緊張感が伝わってきました。

受話器を置いた後、私はすべての現実感を失くしました。部屋を1周した後に外を見に縁側に行き、そこでカーテンが風で揺れるのを見て、やっと現実だと悟りました。

「なぜ母？　なぜうち？」

母は、北九州市で6例目のコロナ患者と診断されたのです。

すぐに保健所からも電話があり、私も検査を受けることになりました。その結果を待つ間、緊張と恐怖でどうにかなりそうでした。


結果は、陰性。デイサービスのスタッフや通所者もみんな陰性だったので、涙が出るほどほっとしました。ただデイサービスは2週間の休業を余儀なくされたようです。それが申し訳なくてたまらなかったのですが、「誰がかかってもおかしくないので、気にしないで」と言っていただけて肩の荷が少し下りました。

その後に届いた保健所からの母の診断書には「擬似」とあり、専門医のいる転院先の病院でも本当にコロナなのか首をひねっていましたし、どこでうつったのかさっぱりわかりませんでした。

私も陰性ではありましたが、濃厚接触者だったので2週間の自宅待機期間があり、それが明けてようやく母の見舞いや入院手続きに行くことができました。

2週間何も食べられなかった母は、痩せていました。コロナは陰性になっていましたが、入院していた2週間で足の筋肉が弱り、自力で立てなくなっていました。意識もはっきりせず、会話もできませんでした。

この状態では家に帰れません。リハビリを受ける必要がありましたが、コロナ上がりの患者を受け付けてくれる施設はどこにも見つからず、病院も私たちも困り果てていました。

なすすべもなくそのままその病院に入院している間に、母の体調を示すさまざまな数値が悪くなっていき、とうとう病院から、「あと1週間くらいと思ってください」という話がありました。

面会を特別に許可していただけたので、姉や姪っ子たちと病室に行き、「わかる？」「みんな来てるよ〜」「よくがんばったね〜」と話しかけると、母は少し手を動かしてくれました。目に力はなかったけれど、伝わっていたのではないかと思います。

病院から、すぐに来てくださいと連絡があったのは、その2、3日後の朝。急いでタクシーで向かうと、すでに姉が着いていました。

母は亡くなっていました。体に触れるとまだぬくもりが残っていました。

「ああ、逝ってしまったんだな」。

そう思いました。

Style 05

介護に明け暮れた60代が終わって

母の介護が始まったのは私が59歳のときだったので、私の60代はまるまる介護に明け暮れたことになります。

なんとか自宅介護を乗り越えられたのは、ご近所さんが「何かあったらいつでも呼んでね」と言ってくれたり、ケアマネージャーをしている後輩が相談に乗ってくれたりと、周りの助けがあったからです。彼女が「よくがんばってるよ」と時々はげましてくれたのは本当にありがたかったです。担当のケアマネージャーさんはもちろん、デイサービスの方々もとてもよくしてくれました。もしこの方々がいなかったら、この介護サービスというシステムがなかったら、と思うとぞーっとするほどです。

母のことは、もっと優しくしてあげたかったという後悔はありますが、亡くなった後に不思議と涙に暮れることがなかったのは、十分やりきったと思えたからかもしれません。母をよく散歩に連れていった公園を通りかかると、寂しさはありますが感傷にひたることはなく、すがすがしい気持ちもあるのです。

自分自身を今振り返ってみると、60代は仕事と介護でせいいっぱいでした。大好きなおしゃれはテキトーで、介護が終わってから初めて「抜け感」という言葉を知り、「何が抜けとんのやろ?」と思ったくらいです。

母が亡くなった後のあわただしさが過ぎ、一挙にどーんと落ち込んだときが、私の再出発のスタートだったと思います。

「体もなまってるし、顔を上げなくちゃ」と久しぶりに出かけたウォーキングで、マクドナルドに出会え、新しい生活を始めることができました。

認知症患者に若い頃の写真を見せるのがよいと聞いて、母のために作ったフォトフレーム。スキーにカラオケ発表会、運転手だった頃の写真も。

この年齢になっても、初めてのことっていくらでもあると、つくづく思います。

新しもの好きの本領発揮で、これからもまだ見ぬいろいろな初めてを経験していきたいです。

第6章

未来にクヨクヨするより、今を楽しんでワクワク生きたい

Style 01

人生は3万日。最後の最後まで楽しく生きたい

もう10年以上前のことですが、あるテレビ番組についてブログに書いたことがあります。

「人生を変えた言葉」をテーマにしたその番組では、著名人やタレントが、自分の人生を180度方向転換させた言葉や、成功に導いてくれた言葉を紹介していました。その中で、私の心に刺さったのは中川翔子さんのお話でした。

今では明るいキャラクターの彼女ですが、子どもの頃は友達もおらず、引きこもり生活を送っていたそうです。そんな中川さんに、高校生になってようやく1人の女の子の友達ができました。その子はいつもとびっきりの明るい笑顔で中川さんに楽しい時間をもたらしてくれたので、中川さんは「どうしていつもそんな

に明るいの？」と尋ねたそうです。するとその彼女の答えは、

「だって人間は3万日しか生きられないのよ！」。

1年365日に日本人女性の平均寿命87．57歳（厚労省・2021年）をかけると、3万1985日ほど（当時より平均寿命が延びました）。たったこれだけの日数なんだから、毎日明るく楽しく生きよう！という意味だったのだと思います。

と、いうことで計算してみると……今私は72歳なので……残りあと15年として……ん？5479日？？改めて愕然。もう5千日と少ししかありません！

もう1日だってぼやぼやしていられないシニア世代。お金や病気のことで心配にはなりますが、暗く生きても明るく生きても同じ1日。どうせなら1日1日をもっと大事にして、最後の最後まで、精一杯楽しみ続けたい。改めてそう決意しています。

Style 02

「いつまでも若く!」とは思わない。でも心までおばあちゃんにはなりたくない

誰だって、歳を取るのは避けられません。それに抵抗して「いつまでも若々しく!」とか「若く見られたい!」とはあまり思いません。

どちらかというと、若見えすることより「時代についていきたい!」「かっこよくありたい!」と思うタイプ。アンチエイジングに執着心を燃やすタイプではありません。

私の生きるエンジンは、好奇心でした。目の前の面白そうなことに、興味のおもむくまま生きてきたらこうなりました。私の年齢でデジタルが好きとかYouTubeをやっていると言うとまだまだすごいという目で見てもらえるので、

得していると思います。

若い人たちと話していると、「同世代の人と話しているみたい」と言われ、姪っ子からは「LINEの文章がお母さんと違って若い」と言われたこともありました。年齢相応の落ち着きがないということかもしれませんが、せっかくですから褒め言葉として受け取っておこうと思います。

とは言いつつ、美容院に行ったら、ずうずうしく「かっこよくしてね」「かわいく見えるようにしてね」なんて注文をしているのですが。

やっぱりいくつになってもかわいい方がいいですもんね。

Style 03

大事なのは、体の中に不安を入れないこと

本書をここまで読んでくださったみなさんは、「ロコリさん、想像以上に能天気だわ」「本当に大丈夫?」って思っているかもしれませんね。

確かに否定できない面はありますが、私が能天気に見えるのは、「いくら心配しても始まらない」と思っているからだと思います。

お金の不安。健康や体力の不安。シングルだったり離婚したりで、何かあったときに頼れる人がいないなどの不安。不安って、どこまで行ってもきりがありません。だから、楽しく生きていくためには、体の中に不安を入れないようにすることが大事だと思うのです。

介護のことやお金のこと、仕事のことなどを話すと、深刻なアドバイスをくれる人がいます。

ある人には、「あなた、将来生活保護を受けられるように対策しておいた方がいいわよ。まず、家を売らないと！」と言われました。胃の調子が悪いと言うと、「あら！　私の友達は末期癌で手遅れだったのよ」などとこちらの不安をさらに大きくするようなことも言ってきます。心配してくれるのはありがたいですが、それよりも、「大丈夫だよ。でも話の種になるから検査を受けたら」と言われる方が心が楽になれます。

生活していく上でいろいろ考えることはもちろん必要ですが、あまり多くの不安を体の中に抱えていたら、不安要素の多い人生になってますます落ち込んでしまいます。

母の介護でつらかったとき、私が売り場の同僚に母のことを話すと、「え〜！

あなたのお母さんおもしろーい！」と笑い飛ばしてくれました。深刻に受け止められるとますますつらくなってしまいますが、どっちみち状況は変わらないのですから、こんなふうに明るく受け止めてくれた方が気が楽です。

これまで、根拠はないけれどずっと、どうにかなる、どうにかなると思って生きてきました。今もそう思っています。

ちゃんとどうにかなる。大丈夫。

心配する暇があったら、その分、楽しいことをした方がいい。

そんなふうに考えながら、今日も、3色カラットさん（3人のマッチョがK-POPに合わせて筋トレするチャンネル）の動画を見て、彼らの笑顔にニンマリしながらテンションを上げて、1日をスタートさせています。

お買い物ついでに、小倉で働いている友人に会うことも。休憩時間に合わせて行って一緒にお茶をしたり、ふらっと立ち寄って顔を見るだけでも元気がもらえます。

Style 04

同世代の方や私より若い方へ——つらいときの乗り越え方

負債の返済をしている頃は、ほしいものなんて全然買えませんでした。悲しくて情けなくて、心が折れそうになったことが何度も何度もあります。でもそんなときは、「いつかほしい物がすべて買えるようになる」と念じ、自分に言い聞かせて暮らしていました。

テレビで美輪明宏さんが、ものごとには「叶う時期がある」と話しているのを聞いたことがあります。

どんなにがんばったりジタバタしても叶わないことも、周りの環境や自分の力などいろいろなことが整ったとき、ある日突然、バーンと一気に叶うようになるのだそうです。
確かに私も昔、スタイリストみたいなことがしたいと思っていたら三愛のファッションショーのスタイリングをまかせてもらえましたし、お店を始めたいなと漠然と考えていたら、本当に自分のお店を持つことができました。なので、〝叶う時期〟ってあるよなあと実感として思います。

でも、「時期が来れば叶う」のなら、じゃあ今は待つだけでいいの？　ということになりますよね。そうではなくて、大切なのは「いつか叶う」と念じながら目の前のことをがんばることだと思います。

私は、人が生きていく上で難しいのは、自分を信じることだと思います。特に人生が最悪なときは、自分を信じるのって本当に難しいことです。
でも図々しいほどに、厚かましいほどに自分を信じ続けて、とにかく目の前にあることを一生懸命がんばる。一生懸命目の前のことに取り組んでいたら、必ずいつか道が開けてきます。だから、もし今大変な状況の中にいる方がいたら、焦らずに、目の前のこと、今日の売上目標だったり、アルバイトだったりを、精一杯がんばってほしいと思います。絶対に何かが変わってきます。

それから、「興味があることはやってみる」ということも大事だと思います。つらいときや不安なときは、気持ちが落ち込んでいたり、これ以上失敗したら終わりだとか考えて、新しいことにもなかなか目が向かなくなると思います。でもそうすると自分自身をどんどん小さくしてしまい、同じことしかできなくなっていきます。

失敗してもいいんです。新しく興味があることをやってみて、ダメだったらまた別の興味があることをやってみる。その繰り返しの中で、「ものごとが叶う時期」が訪れるのだと思います。

私ももう人生が長いですから、「ああ、こんなにお金を使ってしまって無駄なことをしたなあ」と思ったこともあります。それが今は役に立っていますので、10年、20年のスパンで考えれば「あのことがプラスになっているな」ということは誰にとってもよくあることなのだと思います。

ほかに、つらいときの対処法として大事だなと考えているのは——

◎真剣さはいいけど、深刻になるのはＮＧ

人に相談して、深刻な答えが返ってきたら、もうその人から離れるようにしてきました。吹き飛ばして応援してくれる友達が最高に素敵です。

◎将来のことを考えるときは、場所を選ぶ。生活感のある場所で考えない

高名な建築家が建てた建物やアート作品は魂を鼓舞してくれます。その中にあるカフェでお茶したり、ロビーで休憩するだけでもいいと思います。北九州市の美術館と中央図書館は磯崎新氏の作品なので、時折行っていました。

私のYouTubeチャンネルは私より若い方もたくさん見てくださっているので、いくつか人生訓めいたことをお話ししてみました。私の人生経験が何かお役に立てば嬉しいです。

Style 05

遺影はいらない。YouTubeの銀の盾を飾ってほしい！

ちょうどこの本が出版される頃、私は72歳になります。72歳というと、普通はそろそろ〝終活〟を考える時期かもしれません。でも私はまだまだやりたいことや夢がいっぱい。年甲斐もなくと思われるかもしれませんが、夢を見るのは自由です！　最後に〝将来の夢〟を書いてみたいと思います。

◎YouTubeチャンネル

自分のコーディネート動画だけでなく、今後は、おしゃれなお友達や北九州市のおしゃれな若い子たちも紹介していきたいです。自分のファッションでは、ハイブランドとプチプラのコーデもやってみたいです。

ファッション以外にも、街に出ておしゃれなカフェの紹介をしたり、北九州市の魅力も伝えられたらなと思います。北九州市は、昔はおしゃれな子やキラキラしている子がとても多い街だったのに最近はあまり元気がないので盛り上げたいですし、「派手な成人式の街」というイメージを少しずつでも変えていけたらなと思います。

そして、チャンネル登録者10万人を達成して、YouTubeから「銀の盾」をいただきたいです！

◎いろいろな人に出会いたい

今回、この本を出版することになって、出版に携わる人と出会うことができました。今まで知らなかった職種の世界で活躍している人に会えるのは面白いし、楽しいです。これからも、自分の好きなことをしている人、楽しそうに仕事や趣味をしている人、キラキラしている人にたくさん会ってみたい。SNSを通じて他国の方々とも交流したいです（翻訳ツールに頼りながら）。

◎お金について

今までずっと節約人生だったので、70代では、〝80代で節約しなくてよい人生〟を築き上げていきたい。80代は、健康で老後資金は準備済みで、楽しい友達に囲まれて、好きな事に没頭できて、優雅に生活したい。資源の節約はしても、お金の節約はしなくていい人生にするのが夢です。

まだまだあります。

・ニューヨークに旅行して、マクドナルドの旗艦店のタイムズスクエア店でランチしたい。注文が背丈ほどのデジタルパネルなのでやってみたい。
・寒い冬や真夏は、過ごしやすそうなハワイで暮らしたい。

・ロコリオリジナル商品を作りたい。

こうした夢の大前提は、健康であること。母が認知症だったのでその不安はあります。でもそれを考えてもしかたないので、認知症防止になりそうな食品や運動などを取り入れつつ、気持ちとしてはたんたんと受け入れていこうと思います。家の中でじっとしていると老け込むので、マクドナルドの仕事は迷惑にならない限り続けていきたい。明るくて活気があるので、マックで働くことが認知症防止になっていると思います。

そして最後、自分のお葬式のとき――通常は遺影を飾りますが、遺影なんて残してもしかたないので、私はYouTubeの「銀の盾」を飾ってほしい。

それを目標に、がんばっていきたいと思います。

BALIOS

おわりに

まずはブティック廃業時にご迷惑をお掛けしたメーカーさんに改めてお詫び申し上げるとともに、特に懇意にしていただいたウエダ社長とカワイ社長にはぜひまたお会いしたいです。顧客の皆さまをはじめ、長い間、支えて応援してくれた友達には本当に感謝しかありません。ありがとうございました！

ところで私の凸凹人生が凸へと変化したのはYouTubeを始めてまだ20日も経っていない頃です。インスタにメッセージが届き、差出人を見るとKADOKAWAとあり、書籍化に興味はないかとの内容でした。一目見て不審メールかと思ったのですが、気になった私はSNSに詳しい友達に相談してみました。

するとその友達は「ホームページの問い合わせ窓口から連絡して、メルアド宛に返事をもらえば？」というアドバイスをくれたのです。さっそく問い合わせてみると、なんと！　これが本物で、チャンネル登録者1万人を達成した後に書籍化に向けて始動しようということになりました。当初は数ヶ月掛かると思っていたのですが、ひと月で達成。それからは怒涛の日々が始まり、遂に発売に至ったというわけです。

これまで人生の迷い子で彷徨い続けてきた私を発見して引っ張り上げてくれたKADOKAWAの金城麻紀さん、そしてサポートしてくださった小嶋優子さんには深く感謝申し上げます。そしてこの本が少しでもみなさまの力になり、不安を追い出せたり、背筋を伸ばして目線を上げ、まだまだこれから！　と新しいことに挑戦していただけると嬉しいです。

最後にこの言葉をおくります。「人生、どこでどうなるかわからんとよ！」一緒に楽しみながら、これからの人生をがんばりましょう！

KOKURA STATION

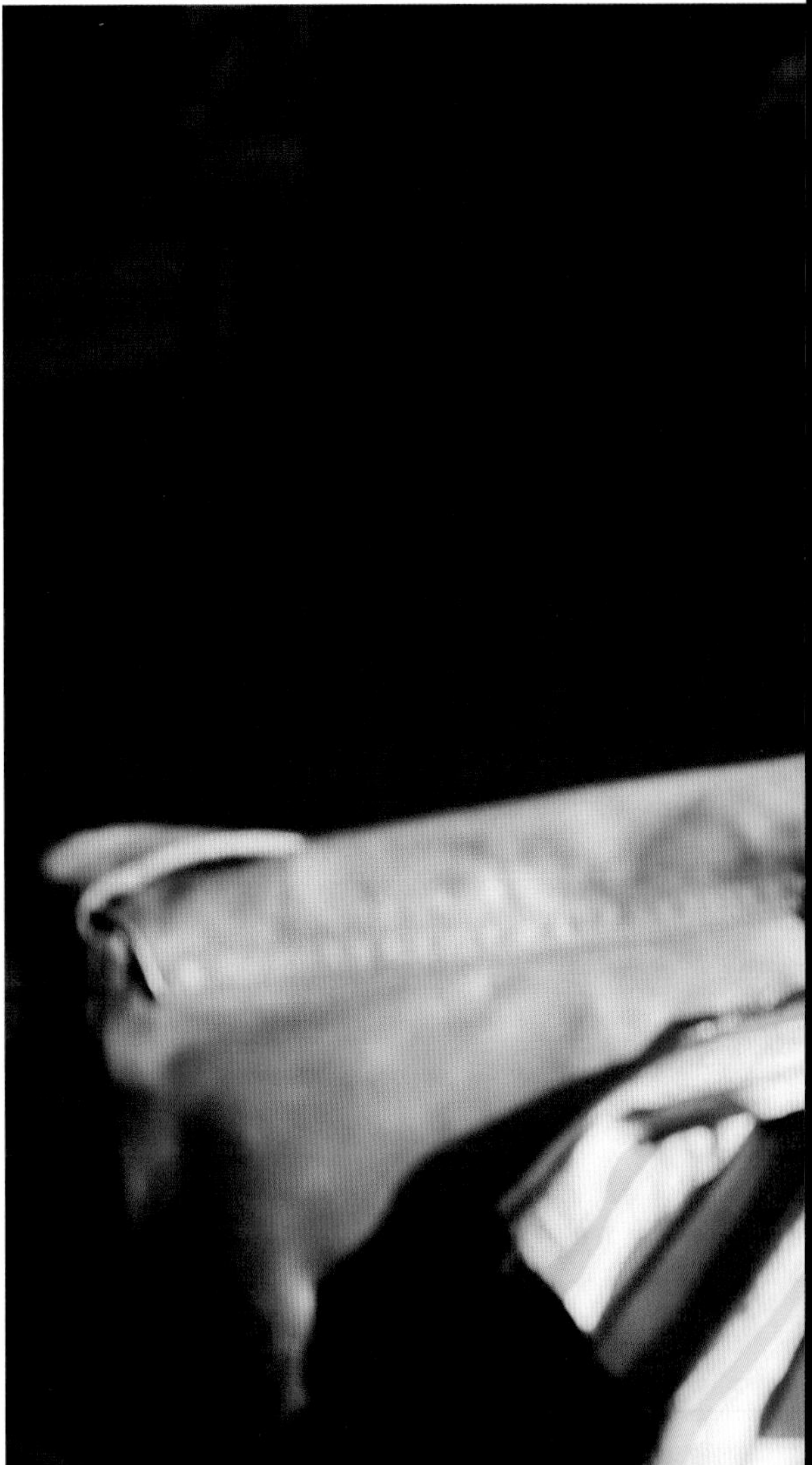

ロコリ

1951年（昭和26年）福岡県生まれ。71歳でYouTubeチャンネルを開設。ブティックでの経験と独自のセンスを活かし、お金を使わずに楽しめるプチプラファッションを紹介すると、またたく間に4ヶ月で再生数累計100万回超え。
10年間の認知症の母の介護を終え、69歳からファストフード店で勤務。年金月5万円の生活で新しいことに挑戦する毎日。本書が初めての著書。趣味はおしゃれな椅子集め。

72歳《さい》、好《す》きな服《ふく》で心《こころ》が弾《はず》む、ひとり暮《ぐ》らし

2023年3月1日　初版発行

著　者　ロコリ
発行者　山下 直久
発　行　株式会社 KADOKAWA
〒102-8177　東京都千代田区富士見 2-13-3
電話 0570-002-301（ナビダイヤル）
印刷所　図書印刷株式会社

お問い合わせ https://www.kadokawa.co.jp/（「お問い合わせ」へお進みください）
※内容によっては、お答えできない場合があります。
※サポートは日本国内のみとさせていただきます。
※ Japanese text only

定価はカバーに表示してあります。

ISBN 978-4-04-606138-6　C0077